# FAST P RFEKT IST AUCH O.K.

## Warum **Loslassen** glücklich macht

### Die **Glücksformel** für ein entspanntes Leben

DIESES BUCH
GEHÖRT:

# INHALT

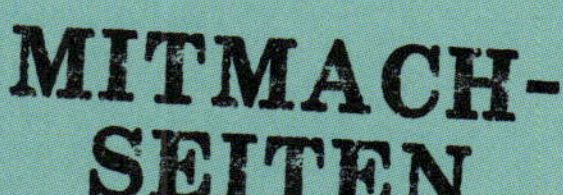

# MITMACH-SEITEN

# LIEBE LESERIN UND LIEBER LESER,

kennen Sie das Gefühl, dass das wirklich Wichtige in Ihrem Leben erst dann kommen wird, wenn alle Arbeiten endgültig **erledigt**, alle Eventualitäten **bedacht** und alle Zimmer **aufgeräumt und blitzblank** sind? Kommt es häufiger vor, dass Sie einen randvollen Tag mit dem Gefühl beschließen, nicht besonders viel geschafft zu haben? Würden Sie sich manchmal weniger anstrengen und aufregen, wenn da nicht die Sorge wäre, was wohl die anderen dazu sagen? Lassen Sie manches sogar lieber ganz bleiben, weil Sie befürchten, es sowieso nicht perfekt beherrschen zu können? Dann sind Sie hier richtig, und Sie dürfen sich getrost als perfektionistisch bezeichnen.

## WILLKOMMEN IM CLUB!

Die meisten von uns sind Perfektionisten. Und würden Sie sich nicht insgeheim dazuzählen, wäre Ihre Wahl nicht auf dieses Buch gefallen. An und für sich ist Perfektionismus erst einmal eine prima Sache. Es spricht nichts dagegen, das, was man tut, richtig bzw. richtig gut zu machen. Solange man dabei nicht das Gefühl hat, dass die Freude am Leben unter die Räder kommt, ist das völlig in Ordnung. Wenn sich aber die Gedanken immer mehr um das Nicht-Erledigte, Nicht-Gekonnte, Nicht-Gelebte drehen und Unzufriedenheit sich breitmacht, wird es Zeit, dem entgegenzusteuern.

Denn sie werden immer zahlreicher, die Menschen, die kein Ende bei der Arbeit und keine Entspannung in der Freizeit finden. Nicht umsonst beschäftigt sich die psychologische Forschung seit geraumer Zeit sehr intensiv mit diesem Thema. Dieses Buch sucht darum nach Wegen zu einer Haltung, mit der man es öfter einmal gut sein lassen kann, bevor die 100 Prozent erreicht sind. Es erklärt, was in Perfektionisten vor sich geht,

und zeigt Möglichkeiten, aus dem Hamsterrad auszusteigen. Das betrifft nicht nur den Beruf, sondern auch Beziehungen, Haushaltsführung und Freizeitverhalten. Das Ziel dieses Buchs ist es, dass Sie weniger Lebenszeit auf ungeliebte Pflichten und Erledigungen verwenden. Dafür möchte es Ihre Antennen hin zu mehr Entspannung, Freude am Gegebenen und Spaß im Moment ausrichten.

## DAS UNFERTIGE IST KEIN MANGEL

Wichtig auf dem Weg zu einer entspannteren Haltung ist die Erkenntnis, dass man immer noch eins draufsetzen könnte, wenn man wollte. Und die Einsicht, dass man es genauso gut auch bleiben lassen kann. Klar, selbst wenn alles getan ist, taucht von irgendwoher meist noch eine unerledigte Kleinigkeit auf, die das Ganze noch besser, eben perfekt machen würde. Aber ist sie auch notwendig? Natürlich sind i-Tüpfelchen eine feine Sache, aber man kann auch gut auf sie verzichten, wenn sie nachher sowieso keiner bemerkt.

Anstatt sich zu sorgen, zu mühen und an seine Grenzen zu gehen, könnte man gleich einsehen, dass Perfektion nicht erreichbar ist. Was auch nicht weiter schlimm ist – denn das Unfertige stellt keinen Mangel dar. Die wahre Kunst im Leben besteht sogar vielmehr darin, genau das zu verstehen und umzusetzen. Sich mit dem Unfertigen zu arrangieren, zu improvisieren und darauf zu vertrauen, dass zum Schluss doch noch alles gut ausgehen wird. Und falls nicht, ist es leichter, über ein verzeihliches Versehen zu lachen und es schnell zu vergessen, anstatt in Endlosschleife darüber zu grübeln, wie einem bloß so etwas passieren konnte.

## BESSER WERDEN IST DENNOCH ERLAUBT

Dem Perfektionismus eine Absage zu erteilen, bedeutet übrigens nicht, sich selbst nicht mehr zu fordern und nicht das Beste aus sich herauszuholen – wenn man das wirklich will. Schließlich hat jeder von uns nur ein Leben, und das sollte nicht durchgehend auf dem Sofa oder auf der Strandliege verbracht werden. Dazu ist es einfach zu schade. Sie werden in diesem Buch keine Ausreden dafür finden, sich ab jetzt nur noch auf die faule Haut zu legen und den Dingen ihren Lauf zu lassen. Es leitet vielmehr dazu an, das regelmäßige Ausruhen nicht zu vergessen. Es will Ihnen Mut machen, am entscheidenden Punkt auch mal zu sagen:

**„Jetzt hör ich auf, denn es ist alles okay so, wie es ist."**
Oder: **„Heute ist mir mal egal, was die andern sagen."**
Und manchmal auch:
**„War was? Ich muss wohl kurz eingedöst sein."**

## EIN BUCH ZUM MITMACHEN

Viele tun sich schwer damit zu bemerken, wann der Zeitpunkt für ein „Egal!" oder „Wird schon gut gehen ..." gekommen ist. Sie können auch dann nicht loslassen, wenn sie bemerken, dass sie ihre Grenzen schon überschritten haben. Das ist auch der Grund, warum sich viele Menschen so erschöpft und im wahrsten Sinne leer oder ausgebrannt fühlen. Wer aber mit sich und seinen Bedürfnissen in Kontakt bleibt, erkennt viel leichter den Punkt, an dem es für heute reicht.

Jeder Mensch hat andere Bedürfnisse und Grenzen, daher gilt nicht für jede Leserin und jeden Leser das Gleiche. Sie können dieses Buch einfach nur von vorne bis hinten durchlesen. Es bietet aber auch Platz zum Mitmachen und für eigene Texte. Es wäre schön, wenn die Fragen Sie anregen, sich ein paar Gedanken über sich selbst zu machen. Im Idealfall lernen Sie etwas über Ihre Grenzen und Bedürfnisse und kommen Ihren Wünschen und Träumen etwas näher.

Eine inspirierende Lektüre und Begegnung mit sich selbst wünscht Ihnen

**Iris Warkus**

# DIE GLÜCKSFORMEL



Perfektionisten sind nicht leicht von etwas zu überzeugen. Sonst wären sie ja keine Perfektionisten. Sie sind oft ganz sicher, dass gerade sie den einzig praktikablen Weg gefunden haben, und weichen daher ungern davon ab. Bei allem, was sie tun, glauben sie, es sei ungeheuer wichtig und müsse auch jetzt sofort, komplett und fehlerfrei erledigt werden. Darum kriegen sie nicht so recht mit, dass andere schon leicht genervt seufzen und die Augen verdrehen.

Diesem inneren Perfektionisten beizubringen, dass er sich auch mal locker und für heute Schluss machen darf, ist nicht leicht. Um ihn zu erreichen und am besten sogar ein wenig umzuerziehen, finden Sie im Folgenden **drei griffige Slogans.** Die sollten Sie sich gut einprägen und dem inneren Perfektionisten wann immer nötig entgegenschmettern. Am besten nicht nur einmal, sondern regelmäßig und immer wieder – so lange, bis er es verstanden hat (schließlich ist das zu seinem eigenen Besten):

## 1

**„Ach, egal."** oder: **Entspanntes Schulterzucken**
Sie haben etwas vergessen, sich geärgert, etwas kaputt- oder einen Fehler gemacht, sind nicht fertig geworden oder auf etwas reingefallen? Sie haben etwas Falsches behauptet, wissen die Antwort nicht, haben den Weg nicht gefunden, sich fürchterlich blamiert oder schon wieder etwas als Letzter erfahren? Sagen Sie „egal", und lernen Sie, sich nicht aufzuhalten mit Dingen, die nicht ideal gelaufen sind. Schließen Sie möglichst viel von dem aus Ihrem Leben aus, was nicht zu Ihnen passt. Sagen Sie: „Mach ich später", wenn etwas zu viel ist. Sagen Sie: „Mach ich gar nicht", wenn etwas Ihnen zu sehr gegen den Strich geht.

## 2

**„Gut gemacht!"** oder: **Lobendes Schulterklopfen**
Loben Sie sich selbst, dass sich die Balken biegen. Eigenlob stinkt nicht, solange man es nicht den Leuten hinterherträgt, die davon nichts hören wollen. Aber es tut der eigenen Seele gut. Erzählen Sie sich selbst, was Sie an sich mögen. Ruhen Sie sich kurz auf einem gelungenen Projekt aus, so klein es auch gewesen sein mag. Freuen Sie sich über alles, was gut an Ihnen ist, und sagen Sie sich das auch. Ebenso dürfen Sie sich danken, wenn Sie etwas Unangenehmes hinter sich gebracht haben. Registrieren Sie kleinste Schritte in die richtige Richtung, wenn der Weg gerade ein wenig steinig sein sollte, und ermutigen Sie sich für den nächsten.

## 3

**„Bei Fuß!"** oder: **Ansprüche und Ziele kontrollieren**
Was es genau mit dem Bild vom Hund an der Leine auf sich hat, erfahren Sie auf Seite 38. So viel sei hier schon verraten: Der Hund steht für die Ansprüche, die Sie selbst an sich und andere an Sie stellen. Lernen Sie, die Ansprüche, die Sie an sich selbst stellen, den eigenen Möglichkeiten anzupassen. Das ist nämlich viel angenehmer, als Prinzipien hinterherzuhetzen, die nicht zu Ihrem Stil, Ihrem Rhythmus und Ihrem Tempo passen. Seien Sie besonders aufmerksam, wenn die Vorstellungen der anderen an Ihnen zerren – die haben in Ihrem Leben nichts verloren.

# TICKETS FÜR
# EIN LEICHTERES LEBEN

Diese drei Slogans für den inneren Perfektionisten können Sie auf schmucken kleinen Kärtchen bei sich tragen. Die Symbolkraft solcher Sätze verstärkt sich, wenn man sie zum Anschauen und Anfassen immer mit dabeihat. So gerät der freundliche Umgang mit sich selbst nicht in Vergessenheit. Sie können die Kärtchen unauffällig auf dem Nachttisch drapieren, hinter die Müslipackung stecken oder in Kreditkartengröße im Geldbeutel immer griffbereit halten. So erinnern Sie sich leichter an die Parolen, die den Perfektionisten in Ihnen ab und an zur Ordnung (oder vielmehr zur Unordnung!) rufen sollen:

**ACH, EGAL!**          **BEI FUSS!**

**GUT GEMACHT!**

Draufstehen könnte aber auch, was Sie sonst bestärkt, z. B.:
**„ICH BIN IN ORDNUNG."** oder:
**„ICH MAG MENSCHEN UND WERDE GEMOCHT."**
Ihrer Fantasie sind keine Grenzen gesetzt.
Wie wäre es mit einem
**„DAS KLAPPT JA WIEDER GANZ WUNDERBAR!"**
auf dem Schreibtisch oder einem
**„DU SIEHST HEUTE RICHTIG GUT AUS!"**
neben dem Spiegel?

Wenn Sie hübsches farbiges Papier dafür benutzen oder Spaß daran haben, die Kärtchen schön zu verzieren, verstärkt dies noch die positive Wirkung, weil sie so das Auge erfreuen und sich angenehm in Erinnerung bringen.

FAST PERFEKT
IST AUCH O.K.

FAST PERFEKT IST AUCH O.K.

FAST PERFEKT
IST AUCH O.K.

FAST PERFEKT IST AUCH O.K.

FAST PERFEKT
IST AUCH O.K.

FAST PERFEKT IST AUCH O.K.

FAST PERFEKT
IST AUCH O.K.

FAST PERFEKT IST AUCH O.K.

FAST PERFEKT
IST AUCH O.K.

# DER MITMACH-TEIL

Die Frageseiten in diesem Buch im Anschluss an viele Kapitel sind nicht dazu geeignet, wie ein Kreuzworträtsel in der Straßenbahn ausgefüllt zu werden. Es empfiehlt sich vielmehr, sich ein wenig zurückzuziehen und dafür zu sorgen, dass man für eine Weile ungestört ist. Als Vorbereitung reicht es aus, kurz still zu sitzen und sich einige Minuten auf den Fluss des Atems zu konzentrieren, ohne ihn zu verändern oder zu kontrollieren. Eine Wissenschaft muss man daraus nicht machen, aber es ist hilfreich, sich auf sein Inneres zu fokussieren, bevor man mit dem Schreiben beginnt. Legen Sie am besten vorher schon einen Stift bereit, sonst geht die nach innen gerichtete Aufmerksamkeit gleich wieder flöten.

## DAS GUTE GEFÜHL FÜR SICH STÄRKEN

Wenn Fragen auf sehr persönliche Wünsche abzielen oder den Blick auf das Positive an der eigenen Person schärfen wollen, ist es für manche Menschen nicht leicht, sich darauf einzulassen. Zu sehr ist der Blick auf Notwendigkeiten eingeengt und versperrt für die eigenen guten Seiten. Darum ist es wichtig, das Gefühl der Anerkennung für sich selbst, das jeder Mensch ursprünglich in sich trägt, hervorzukramen und zu stärken. Das kann man tun, indem man vor der Beantwortung der jeweiligen Frage (und natürlich in jeder anderen Lebenslage auch) einen der folgenden Sätze innerlich rezitiert. Probieren Sie sie aus und wählen Sie den, der Sie am meisten anspricht. Sie können auch alle drei Sätze nacheinander sagen oder selbst welche erfinden. Konzentrieren Sie sich auf den Klang der Worte und lassen Sie ihre tiefe Bedeutung ganz bei sich ankommen:

## ICH BIN OKAY.

## ICH BIN ICH.

## ICH BIN VOLLSTÄNDIG.

Und dann kann es losgehen. Lesen Sie sich die Fragen auf den Mitmach-Seiten noch einmal durch und schreiben Sie alles auf, was Ihnen dazu gerade in den Kopf kommt. Wenn der Kopf leer ist, folgen Sie einfach der Bewegung Ihrer Hand. Grübeln Sie nicht lange, schreiben Sie los und lassen Sie sich später selbst vom Geschriebenen überraschen. Wenn Sie eine Frage gar nicht anspricht, blättern Sie einfach weiter und halten sich nicht weiter mit ihr auf. Vielleicht kommt der richtige Zeitpunkt dafür ein anderes Mal oder die Frage passt einfach nicht zu Ihnen.

# DAS BESSERE IST DER FEIND DES GUTEN.

Voltaire

# WARUM WIR ALLE IMMER BESSER SEIN WOLLEN

Um ins Thema einzusteigen, nehmen wir das Wort „Perfektionismus" unter die Lupe und betrachten es genauer. Schnell wird klar, dass es den Wunsch, perfekt zu sein, schon sehr lange gibt – und er hat nicht nur Schwierigkeiten mit sich gebracht, sondern auch folgende Annehmlichkeiten des Lebens: Freiheit und Komfort. Hätte es nicht schon immer Perfektionisten gegeben, wäre das Rad niemals erfunden worden und wir würden heute noch in der Steinzeit feststecken …

# PERFEKTIONISMUS – ZWEI SEITEN EINER MEDAILLE

### WAS BEDEUTET DAS WORT „PERFEKTIONISMUS"?

Der wichtigste Bestandteil des Wortes ist „perfekt". Das bedeutet, dass etwas vollkommen und nicht mehr zu verbessern ist. Ein Perfektionist ist also jemand, der es sich zur Aufgabe gemacht hat, so zu sein oder zu handeln, dass er restlos zufrieden ist mit dem Ergebnis (und andere ebenso). Kann es das geben? Oder steckt darin nicht direkt die Möglichkeit, grandios zu scheitern, weil man sich von Beginn an viel zu viel vornimmt?

Je nachdem, in welchem Kontext das Wort verwendet wird, löst es unterschiedliche Assoziationen aus. „Da bin ich Perfektionistin", sagt die glückliche Gastgeberin, deren Gäste sich über ein wunderbares Menü samt Tischkarten aus Büttenpapier und selbst gezogene Kerzen freuen. „Mein Chef ist ein unverbesserlicher Perfektionist", stöhnt sie vielleicht am nächsten Tag, wenn die Vorlage für eine Präsentation mehrmals überarbeitet werden muss. So ist der Begriff je nach Situation negativ oder positiv besetzt. Die einen mögen Perfektionisten nicht, weil sie damit unverbesserliche Pedanten verbinden. Egal, ob im Arbeitsumfeld oder im Bekanntenkreis, sie nerven, und man geht ihnen lieber aus dem Weg. Manche treibt der eigene Perfektionismus zum Wahnsinn, weil sie kein Ende finden. Wieder andere können sich nicht mehr mit gutem Gewissen an etwas Erreichtem freuen, ohne es zu schmälern oder herabzusetzen.

## DIE GUTE SEITE DES PERFEKTIONISMUS

Für viele Menschen hat Perfektion allerdings durchaus etwas Positives, weil sie damit die Freude an etwas richtig gut Gemachtem verbinden, mit Durchhaltevermögen bei der Arbeit, mit einer besonderen Begabung und mit hervorragenden Ergebnissen. In der Tat kann Perfektionismus in zwei Richtungen ausschlagen: Bei den einen trägt er dazu bei, dass sie froh und erfolgreich sind, während die anderen an ihrem Perfektionismus scheitern, weil sie stets unzufrieden sind mit dem, was sie tun, und niemals fertig werden. Genau das macht dieses Phänomen so spannend. Die gute Nachricht daran sei gleich verraten:

> SIE SELBST HABEN ES IN DER HAND, OB IHNEN IHR PERFEKTIONISMUS ZU GLÜCK UND ERFOLG VERHILFT ODER OB SIE ZULASSEN, DASS ER IHNEN IM WEG STEHT UND DIE LAUNE VERDIRBT.

Wie bereits gesagt: Perfektionismus an sich ist überhaupt nichts Schlechtes. Wenn wir uns unser Leben einmal genauer anschauen und die Dinge betrachten, die uns Komfort, Bequemlichkeit und Spaß verschaffen, dann werden wir schnell bemerken, dass die Menschheit all diese Annehmlichkeiten ohne das Streben nach Perfektion kaum je erreicht hätte.

Beispielsweise in den Flieger steigen und sich ans andere Ende der Welt fliegen lassen: Das war noch vor 100 Jahren eine Sache, die ganz wenigen Menschen vorbehalten war, und mit deutlich mehr Gefahren verbunden als heute. Vor 200 Jahren gar rumpelte man noch tagelang mit der Postkutsche über holprige Feldwege, wenn man kurz mal die Cousine besuchen wollte. Das sollten sich die Menschen, die permanent über die Unpünktlichkeit der Bahn schimpfen, immer wieder vergegenwärtigen. Auch dass wir mal eben eine Maschine Wäsche machen können, ist das Verdienst von Menschen, die mit dem aktuellen Zustand nicht zufrieden waren. Was wir heute noch kurz vor dem Schlafengehen erledigen, war früher ein Unternehmen von mehreren Tagen. Entweder stand man schwitzend am Topf und rührte in heißer Seifenlauge mit den Unterhosen der ganzen Familie drin oder, noch schlimmer, man musste den ganzen Kram zum Fluss schleppen, um ihn dort zu waschen und anschließend in der Sonne zu bleichen.

## WAS WÄREN WIR OHNE COMPUTER?

Ganz zu schweigen von technologischen Fortschritten wie Computer und Smartphones und allen Verbesserungen, die diese mit sich gebracht haben. Erinnert sich noch jemand, wie mühsam das Tippen von Texten auf der Schreibmaschine war? Da konnte man nicht einfach mal loslegen und nach und nach verbessern. Man musste genau wissen, was man schreiben wollte. Vorschreiben und nachher abtippen, das war die Devise. Noch vor wenigen Jahrzehnten haben wir uns deshalb mit Korrekturband und Tipp-Ex herumgeärgert – das ist so eine weiße Paste in einem Fläschchen, die aussieht und funktioniert wie Nagellack, nur dass man damit keine Nägel, sondern Tippfehler überpinselt hat. Wie einfach ist es heute im Vergleich dazu, einen Fehler zu korrigieren und die betroffene Seite neu auszudrucken! Natürlich bringen wir es fertig, uns darüber fast genauso sehr zu ärgern wie der Mensch an der Schreibmaschine vor 30 Jahren, aber das ist ein anderes Thema ...

Nicht unerwähnt bleiben soll in diesem Zusammenhang auch der medizinische Bereich: Wer sich heute über gut sitzende Zahnkronen oder eine wirksame Grippeimpfung freut, vergegenwärtigt sich leider nicht immer, welch ein Wunder eigentlich der heutige Stand der Medizin ist und dass es noch gar nicht so lange her ist, dass der Dorfschmied zugleich der Zahnarzt war.

# MEHR FREIHEIT
# UND MEHR FREIZEIT!

All diesen Beispielen ist gemeinsam, dass eine fortwährende Verbesserung nur deshalb möglich war, weil es Menschen gab, die sich mit den gegebenen Lebensumständen nicht abfinden wollten. Wären alle immer weiter gedankenlos mit ihrem eitrigen Zahn zum Dorfschmied gegangen, dann gäbe es heute weder professionelle Zahnreinigung noch Implantate. Hätten alle geduldig das Fahren in der Kutsche ertragen und sich nach tagelanger Holperfahrt bloß den Staub vom Anzug geklopft und erleichtert das Pferd getätschelt, gäbe es heute nicht den ICE zum Frankfurter Flughafen oder den Thalys nach Paris.

Es braucht also Menschen, die den Wunsch haben, die Dinge zu verbessern. Sich nicht mit dem Status quo zufriedenzugeben, gehört für manche Menschen zu einem guten Leben dazu. Nur das führt zu technischem Fortschritt, zu einem erweiterten Horizont und, ganz profan, zu mehr Freizeit. Fortschritt bedeutet nämlich nicht nur, dass man wirtschaftlich und technisch weiterkommt, sondern eben auch, dass der Mensch mehr Zeit gewinnt, um sich zu entfalten und „mehr Mensch" zu werden.

## WIR BRAUCHEN SIE, DIE PERFEKTIONISTEN

Nicht nur der Fortschritt hängt von den Perfektionisten unter uns ab, sondern auch, dass unsere ziemlich komplexe Welt so funktioniert, wie sie das tut. Oder wie fänden Sie einen Piloten, der seinen Passagieren erzählt, er habe sich vorgenommen, nicht mehr die ganze Zeit verkrampft auf seine Messinstrumente zu starren, sondern lieber die vorbeiziehenden Wolken mit seinen vergänglichen Sorgen zu vergleichen? Gingen Sie gern zu einem Zahnarzt, der lieber nicht mehr ganz so tief bohrt und Karies Karies sein lässt, weil er festgestellt hat, dass ihm das Geräusch seiner Instrumente selber auf die Nerven geht? Nein, es braucht Menschen, die ihren Job mehr als hundertprozentig erledigen, damit unser Leben so sicher und angenehm sein kann, wie es heute ist.

# WO ZIEHT MAN DIE GRENZE?



In der anderen Waagschale wiegt schwer der Perfektionismus, der dem Menschen zusetzt und sein Leben einschränkt. Stress- und Burnout-Erkrankungen haben in den letzten Jahren dramatisch zugenommen. Und das hat in nicht wenigen Fällen damit zu tun, dass Menschen permanent auf Hochtouren laufen, um sich, ihre Arbeit und ihre Umgebung zu optimieren – so lange, bis eine Winzigkeit das Fass zum Überlaufen bringt. Immer mehr Menschen werden mit Stress- und Erschöpfungsdiagnosen richtig lange krankgeschrieben. Diese Ausfälle dauern oft viel länger, als wenn jemand mit einer schweren Grippe das Bett hüten muss. Denn Stresserkrankungen sitzen tief und müssen dann mühsam auskuriert werden. Sie haben nicht ausschließlich, aber zu einem gewissen Teil immer mit Perfektionismus zu tun. Denn letztlich ist Stress die Folge des Gefühls, dass man mehr zu erledigen hat, als man bewältigen kann. Die Betroffenen laden sich zu viel auf oder lassen sich von anderen zu viel aufladen, ohne rechtzeitig „Stopp!" zu rufen. Wenn sie dann nicht mehr können, verraten sie es niemandem, weil das als eine Form der Schwäche angesehen werden könnte.

Wir haben es beim Perfektionismus also mit einem doppeldeutigen Begriff zu tun, der vielseitig verwendbar ist und unterschiedliche Assoziationen hervorruft. Manche Menschen halten sich ihren Perfektionismus zugute, zum Beispiel in Bewerbungsgesprächen, wenn es zu der berühmten Frage nach den eigenen Schwächen kommt. Da erscheint es manchem gar nicht so unvorteilhaft, den eigenen Perfektionismus als vermeintlich schlechte Eigenschaft zu nennen. Denn welche Chefs hören es nicht gern, dass ihre Mitarbeiter sich das Äußerste abverlangen und erst dann Schluss machen, wenn der letzte Fehler ausgemerzt und das Ergebnis perfekt ist?

„DAS NERVT!"

Mit Perfektionismus verbinden wir einen hohen Anspruch zunächst an die eigene Leistungsfähigkeit. Das kann positive Auswirkungen haben, denn viel zu leisten, ist ja an sich nichts Schlechtes. Schwierig wird es, wenn es nicht nur um die eigene, sondern auch um die Leistungsfähigkeit anderer geht. Da werden Perfektionisten mit hohen Ansprüchen schon mal etwas unangenehm. Was sie sich selbst abverlangen, dazu sollen auch alle anderen bereit sein. So haben sie an dem, was andere tun, immer etwas zu mäkeln. Leider ist diese Art von Perfektionist häufig besonders sensibel für das, was nicht funktioniert oder was fehlt, anstatt das Gute zu sehen, was bereits da ist.

Ein Perfektionist kann sich schlecht vorstellen, dass es Menschen gibt, die lieber in der Wiese liegen und den Wolken zuschauen, als die Bilanz ein drittes Mal zu prüfen oder das Unkraut im Gemüsebeet zu jäten. Für alle, die täglich mit Perfektionisten zu tun haben, sei es im Büro oder bei der Gartenarbeit, kann diese Eigenschaft deshalb eine starke Herausforderung sein (oder mit anderen Worten: nervtötend).

# WORIN BIN ICH PERFEKTIONISTISCH?

Die folgenden Fragen zielen auf Ihre perfektionistische Seite ab.

**KENNEN SIE DAS STREBEN NACH VOLLKOMMENHEIT UND PERFEKTION AN SICH SELBST?**

Listen Sie die Situationen auf, die Ihnen dazu einfallen,
sei es aus dem Privat- oder Berufsleben:

Das sind Ihre ganz persönlichen Mitmach-Seiten. Hören Sie gut in sich hinein, bevor Sie mit dem Schreiben beginnen. Auf den Seiten 17/18 finden Sie noch einige Anregungen für das Ausfüllen der Seiten.

# MEINE MAßSTÄBE SIND NICHT DEINE MAßSTÄBE

## GEGEN HOHE STANDARDS IST NICHTS ZU SAGEN

Auffallend an Perfektionisten ist, dass sie sich nicht nur auf einem Gebiet viel abverlangen, sondern dass es gleich mehrere Lebensbereiche sind, in denen sie glänzen und ihren Maßstäben gerecht werden möchten. Ein schönes Beispiel wäre da: die Frau, die im Beruf stets Vollgas gibt und hervorragende Ergebnisse abliefert. Die trotz Familie und Kindern Karriere macht und ihren Job sogar noch mag. Nach getaner Arbeit eilt sie guter Dinge zum Sport, um an ihrer Idealfigur zu arbeiten. Danach wird ökologisch korrektes Essen eingekauft und selbst zubereitet. Ganz nebenbei gärtnert sie gerne, stopft ihre Strümpfe selbst und spielt ein Instrument. Wenn sie sich mit Freundinnen trifft, bleibt ihr Mann selbstverständlich und ohne zu maulen zu Hause bei den Kindern.

Es mag sein, dass solche Menschen für ihre Zeitgenossen ein wenig anstrengend sind, weil es frustrierend sein kann, sich mit ihnen zu messen. Ausschlaggebend sind hier allerdings die Beweggründe, aus denen diese Überflieger in vielen Bereichen gut sein wollen. Treiben sie sich selbst dazu an, weil es ihnen Freude macht, oder folgen sie einem Plan von außen?

## FÜR WEN STRENGE ICH MICH AN?

Als Beispiel: Eigentlich spricht ja nichts dagegen, eine mehrstöckige Torte zum Treffen der Fußballmütter mitzubringen. Wenn es Ihnen Freude macht, aufwendig zu backen, aufzuschichten und zu verzieren, warum nicht? Geht es Ihnen aber vielleicht eher darum, die anderen zu beeindrucken, oder haben Sie Sorge, dass Sie mit ein paar mickrigen Muffins schiefe Blicke ernten? In diesen Fällen fragen Sie sich ruhig, für wen Sie sich anstrengen und ob die Sache die Mühe wert ist.

Ausschlaggebend ist also, wie wir uns bei dem, was wir tun, fühlen. Wer sagt: „Ich finde es okay, mich ein wenig anzustrengen, und ich habe Spaß an guten Ergebnissen", der wird unter seinem Perfektionismus nicht zu leiden haben. Dann kann dieser durchaus gewinnbringend sein. Psychologen bezeichnen das als „funktionalen Perfektionismus", weil der dem Menschen nützt und nicht dazu führt, dass er sich erschöpft und überfordert fühlt.

Schwierig wird es erst, wenn sich der Wunsch nach Vollkommenheit selbstständig macht und der Betroffene beginnt, unter ihm zu leiden. Das kann sich darin bemerkbar machen, dass er trotz abendlicher Erschöpfung nicht mehr gut schläft. Vielleicht auch darin, dass belastende Gedanken um anstehende Erledigungen sich breitmachen und nicht abzustellen sind. Dass man auch bei schönen Unternehmungen keine rechte Entspannung mehr findet und sich zu guter Letzt fragt, welchen Sinn die ganze Rennerei und Schufterei eigentlich noch haben.

## ANZEICHEN FÜR GUTEN PERFEKTIONISMUS

Das ist mir wichtig, darum hänge ich mich rein.

Es liegt mir am Herzen, dass es gut wird.

Bei all der vielen Arbeit macht mir
die Sache immer noch Spaß.

Ich lerne viel dazu.


## ANZEICHEN FÜR SCHLECHTEN PERFEKTIONISMUS

Ich sehe kein Ende.

Es ist noch lange nicht gut genug.

Ich fühle mich erschöpft.

Das werden die anderen so niemals akzeptieren.

# WAS NÜTZT MIR MEIN PERFEKTIONISMUS? UND WAS KOSTET ER MICH?

In diesen zwei Spalten können Sie festhalten, wobei Ihnen
Ihr Perfektionismus nützlich ist und worin er Sie einschränkt.

**NOTIEREN SIE IN DER LINKEN SPALTE ALLE VORTEILE,
IN DER RECHTEN DIE NEGATIVEN AUSWIRKUNGEN AUF IHR LEBEN.**

| + | − |
|---|---|
| | |
| | |
| | |
| | |
| | |
| | |
| | |
| | |
| | |
| | |

Wenn Sie nun betrachten, was Sie aufgelistet haben – welche Seite überwiegt?
Es geht nicht um eine Wertung, es gibt nichts zu entscheiden, nehmen Sie es
einfach wahr und behalten es bei der Lektüre der nächsten Seiten im Hinterkopf.

# DER HUND
# AN DER LEINE

Anhand eines anschaulichen Bildes lassen sich die Ansprüche, die wir selbst an uns stellen und die wir von außen an uns gestellt sehen, gut verdeutlichen.

Stellen Sie sich die eigenen Standards und Ziele einmal als Hund vor, den Sie an der Leine spazieren führen. Ob großer Bernhardiner oder Pekinese ist egal, in die falsche Richtung ziehen können sie alle.

Geht Ihr Hund ruhig bei Fuß und passt er sich Ihrem Tempo an, sodass Sie mühelos nebeneinandergehen, macht das gemeinsame Laufen Spaß. Zerrt er allerdings ungeduldig an der Leine oder bleibt nicht stehen, wenn Sie einmal eine Pause brauchen, kommt es zu einem Ungleichgewicht. Dann sorgt der Hund dafür, dass Sie immer ein wenig schneller laufen als Sie eigentlich wollen. So wird jeder Spaziergang zu einer Kraftprobe. Sie sehen nichts mehr von der Landschaft und geraten außer Atem. Nicht nur dem Hund, sondern auch Ihnen selbst würde bald die Zunge weit aus dem Hals hängen.

Ebenso verhält es sich mit hohen Standards. Sind es Ihre eigenen, dann entspricht die Gangart Ihrem Tempo und alles ist in Ordnung. Wenn Sie sich jederzeit in der Lage fühlen, auch einmal innezuhalten und gegebenenfalls die Richtung zu wechseln, dann ist die innere Messlatte hilfreich und macht das Leben zu einer angenehmen Herausforderung. Haben Sie allerdings das Gefühl, dass das Tempo, mit dem Sie sich bewegen, nicht Ihr eigenes ist und Sie eher an den Rand der Erschöpfung bringt, werden Sie sich bald leer und ausgelaugt fühlen. Dann bekommen Sie vom Leben hier und heute nichts mehr mit und fixieren nur noch den fernen Punkt am Horizont der endlosen Verpflichtungen, an dem Sie endlich ankommen.

Das Bild vom Hund hilft, den schädlichen vom nützlichen Perfektionismus zu unterscheiden: Wer sich wohlfühlt mit seinen Ansprüchen, auch wenn sie hoch sind, ist in seinem eigenen Tempo unterwegs, das er jederzeit drosseln kann. Wer selbst bestimmen darf, wann und wie viel er sich engagiert, dem schadet auch sein Perfektionismus nicht. Der wird womöglich zum Erfinder einer ungemein nützlichen Sache. Auf jeden Fall wird er aber im Alter auf ein Leben in Fülle zurückblicken können. Wer sich dagegen dauerhaft gehetzt und gestresst fühlt, weil er nicht mehr stehen bleiben kann, dem tut sein Perfektionismus nicht mehr gut. Und an dem läuft das echte, schöne Leben vorbei.

# VON ERFOLG UND MISSERFOLG

Perfektionisten unterscheiden sich von ihren entspannteren Zeitgenossen nicht nur darin, wie sie handeln. Auch die Ergebnisse ihrer Arbeit betrachten sie kritischer, egal ob etwas besonders gut oder überhaupt nicht gelungen ist. Leider verfügen perfektionistisch veranlagte Menschen nämlich über viele Möglichkeiten, sich selbst die Freude zu verderben:

**Da fehlt doch immer noch ein kleines Quäntchen!**
Mit geschult kritischem Blick findet man an jeder Sache etwas, was man mit etwas Mühe hätte noch besser machen können. Und genau diese fehlende Kleinigkeit hätte dem Ganzen erst die Krone aufgesetzt.

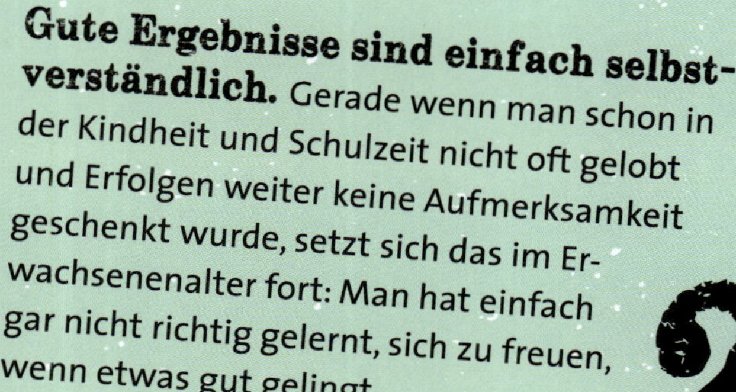

**Gute Ergebnisse sind einfach selbstverständlich.** Gerade wenn man schon in der Kindheit und Schulzeit nicht oft gelobt und Erfolgen weiter keine Aufmerksamkeit geschenkt wurde, setzt sich das im Erwachsenenalter fort: Man hat einfach gar nicht richtig gelernt, sich zu freuen, wenn etwas gut gelingt.

**Wenn sogar mir (Wurm) das gelungen ist, dann war es wohl die Aufgabe, die zu leicht war!**
Viele Menschen haben ein so geringes Selbstwertgefühl, dass sie ihre Erfolge nicht als ihr Verdienst annehmen können, sondern als unbedeutend herunterspielen.

## Was kommt als Nächstes?

Eine weitere Möglichkeit, sich die Freude am Erfolg zu verderben, besteht darin, sich gar nicht lange mit ihm aufzuhalten, sondern sich direkt das nächste Ziel zu setzen. Am besten noch ein wenig höher.

Kommen Ihnen diese Gedanken bekannt vor? Wenn ja, dann finden Sie am Ende des Kapitels (ab Seite 44) einige Anregungen zum Nachdenken und Platz für ein paar ordentliche Lobreden auf sich selbst.

## WEGSTECKEN, WENN ETWAS NICHT SO GUT WAR

Und was tut man, wenn etwas wirklich nicht gelingt? Niemandem ist es egal, wenn Dinge schieflaufen oder er auf einen Fehler hingewiesen wird. Gerade im Beruf kommt das nicht selten vor, weil man von Chefs und Kollegen weniger geschont wird als von Freunden und der Familie. Schließlich hängen auch der Erfolg der Firma und Ihre Bezahlung von Ihrer Leistung ab. Wahrscheinlich kennen die meisten von uns das Gefühl am Ende eines langen Arbeitstages, an dem sich herausgestellt hat, dass man an etwas Wichtiges nicht gedacht, jemanden verletzt oder einen finanziellen Verlust verursacht hat.

**1 Man empfindet das Missgeschick als so unangenehm, dass man schwer darüber hinwegkommt.** Im schlimmsten Fall nimmt man sich vor, solche Situationen ab jetzt komplett zu meiden. Also hört man auf, sich auf anspruchsvolle Stellen zu bewerben, wählt nur die leichteren Stücke am Klavier oder macht in Zukunft halt kein Soufflé mehr, wenn Gäste kommen.

**2 Ich fühle mich erst mal schlecht und muss schwer schlucken.** Es beschäftigt mich, ich habe je nach Typ entweder großen Rede- oder Rückzugsbedarf, und vielleicht schlafe ich auch eine Nacht nicht gut. Aber siehe da: Am nächsten Tag geht die Sonne dann doch wieder auf, der Kaffee duftet, als wäre nichts geschehen, und die Welt sieht schon wieder ganz anders aus.

**3 Ich verdaue meinen Fehler und lerne daraus, wie ich es in Zukunft besser machen kann.** Nicht umsonst gibt es das Sprichwort: „Aus Schaden wird man klug", denn nichts bewahrt mich nachhaltiger vor einem Fehler, als wenn ich ihn einmal gemacht habe und deshalb Ärger hatte. Ab dann funktioniert mein Warnsystem für diesen Fehler meistens hervorragend, und das ist auch gut so.

**Für welchen Weg würden Sie sich entscheiden?**

**Mein Tipp dazu:**
Mit Variante 2 sind Sie schon gut dabei. Gleich aus jedem Fehler eine Lehre ziehen und ihn dadurch vermeiden zu wollen, wäre doch schon wieder reichlich perfektionistisch …

# ERFOLG und MISSERFOLG

Erinnern Sie sich an einen Erfolg in Ihrem Leben? An etwas, das Ihnen richtig gut gelungen ist? Schreiben Sie es auf – gerne schön ausgeschmückt:

**MEINE HELDENTATEN**

Das sind Ihre ganz persönlichen Mitmach-Seiten. Hören Sie gut in sich hinein, bevor Sie mit dem Schreiben beginnen. Auf den Seiten 17/18 finden Sie noch einige Anregungen für das Ausfüllen der Seiten.

Wie fühlten Sie sich da? Waren Sie stolz und glücklich und haben es sich erlaubt, sich eine Weile auf den Lorbeeren auszuruhen? Haben Sie sich selbst auf die Schulter geklopft oder sich gedankt?

Gehen solche Erlebnisse bei Ihnen vielleicht einfach unter, weil Sie es kaum wahrnehmen, wenn Ihnen etwas gelungen ist? Weil Ihnen als Erstes auffällt, was man noch hätte besser machen können?

# MEINE BESTEN FEHLER

Wie gehen Sie damit um, wenn etwas nicht klappt?
Welche Gefühle verbinden Sie damit?

Was ist Ihnen im Leben Ungutes passiert, worauf Sie im Nachhinein nicht mehr verzichten möchten, weil Sie viel daraus gelernt haben? **Was waren Ihre besten Fehler?**

# URALTE ÄNGSTE

ODER:
DIE HERDE UND DER HAMSTER

Oft hat das, was unbewusst in uns vorgeht, mit unseren Ursprüngen zu tun. Diese uralten Muster stammen aus einer Zeit, als wir noch Mammuts jagten und mit größeren Gefahren zu kämpfen hatten, als dass das Soufflé schon vor dem Servieren zusammenfällt. Was unsere Vorfahren damals erlebt haben, hat sie so stark geprägt, dass auch wir modernen Menschen das immer noch in unserem System gespeichert haben.

Der Mensch von heute schleppt also immer noch zwei Triebe mit sich herum, die ihm beim leichten Leben im Wege stehen und dafür sorgen, dass er sich häufig zu sehr anstrengt und sich zu viele Sorgen macht. Und zwar sind das der „Herdentrieb" und der „Hamsterreflex".

## 1. SICH IN DER HERDE VERSTECKEN UND NICHT WEITER AUFFALLEN

Die Überlebenschancen standen früher besser, wenn man sich nicht allein durch Flora und Fauna schlagen musste. Am besten, man ergatterte einen Platz in einer Herde. Man lief unauffällig mit, war einigermaßen sicher vor Fressfeinden, und es fiel regelmäßig etwas Nahrhaftes ab. So war man fröhlich unterwegs, ohne sich groß Gedanken um die Richtung machen zu müssen – die Schwarmintelligenz machte es möglich.

Natürlich gehörte es dazu, die Regeln der Gruppe zu beachten. Tat man sich zu sehr hervor oder spielte nicht mit, gab es was auf die Mütze. Genau darum wollen wir auch heute noch nicht gerne auffallen. „Was sollen denn die anderen Elefanten/Hyänen/Neandertaler von mir denken?", fragen wir uns, wenn wir etwas tun, was nicht der Norm entspricht. Da melden sich die Instinkte mit Sorgen um einen guten Herdenplatz. Bei Kindern ist dieser Instinkt besonders stark ausgeprägt, weil ihnen bewusst ist, wie sehr sie auf Unterstützung angewiesen sind. Sie wünschen sich meist nichts mehr, als ganz genauso zu sein wie alle anderen.

## 2. WAS MAN HAT, DAS HAT MAN

Ungefähr aus derselben Zeit stammt der Hamsterreflex. Das ist der Trieb, möglichst viel von allem, was man kriegen kann, zu horten. Schnell wird alles aufgegessen, wenn man auf Nahrung stößt. An Buffets kann man dieses Verhalten auch heute noch beobachten. Alles, was man nicht sofort essen kann, wird hurtig in die Höhle geschleppt. Die Hamster von heute sehen wir durch die Gänge der Supermärkte wieseln, wenn die Geschäfte mal wegen eines Feiertages länger als einen Tag geschlossen haben. Da macht der Urmensch in uns sich gleich Sorgen, die Vorräte könnten ausgehen.

Aber auch im übertragenen Sinne hamstern wir: Wir hamstern erledigte Aufgaben, geregelte Dinge und abgearbeitete Listen. „Nach dem Essen spüle ich schnell das Geschirr von Hand, dann ist das schon mal erledigt ... und wenn ich jetzt schon das ganze Geschirr gespült habe, dann kann ich doch auch gleich noch kurz den Boden aufwischen, der sieht ja wirklich schlimm aus ... und wo ich gerade dabei bin, könnte ich doch noch eben ..." Unter dem Motto: „Was gemacht ist, ist gemacht" reihen wir eine Erledigung an die nächste. So als wäre man einer dieser kompakten Typen im Sportstudio, die sowieso schon laut stöhnen, während sie ihren Sport verrichten, aber dennoch zum Kumpel sagen: „Leg mal noch ein Gewicht drauf!" So erledigen, verrichten, schaffen wir alles weg, was uns in die Quere kommt. All das haben wir aus den fernen Urzeiten beibehalten, als es noch überlebenswichtig war, möglichst schnell zu rennen und möglichst viel zu kriegen, wenn es etwas umsonst gab.

## DREI ERKENNTNISSE
## GEGEN DEN HAMSTERREFLEX

Das Rad lässt sich stoppen, und es gibt
ein Ende der Erledigungsliste.

Es ist von allem genug da,
ich darf aufhören zu sammeln.

Schluss mit „Das noch schnell ..."

## DREIMAL STARK
## GEGEN DEN HERDENTRIEB

Ich bin genau richtig.

Ich bin ich und ihr seid ihr.

Ich darf allein entscheiden.

# BLOß KEINE ANGST! ODER?

## DER VORTEIL VON ANGST

Angst kann in einem gewissen Maß nützlich und bereichernd sein. Wir wurden von der Natur damit ausgestattet, um Gefahren erkennen und angemessen mit ihnen umgehen zu können. Wer damit rechnen muss, dass bei einem Marsch durch den Wald auf der Suche nach Nahrung der berühmte Säbelzahntiger aus dem Gebüsch springt, der tut gut daran, ängstlich und vorsichtig zu sein. Diese archaische Angst hat schließlich dazu geführt, dass wir aus unseren hübschen, naturnahen Höhlen in sichere Eigentumswohnungen mit Sicherheitsschlössern an der Tür gezogen sind.

Auch im modernen Leben begegnet uns die Angst von damals. Zum Beispiel wenn wir uns auf eine Präsentation vorbereiten und dabei ein mulmiges Gefühl haben. Wir fürchten, dass uns etwas im Weg stehen oder uns überwältigen könnte: der Beamer, der ausgerechnet an diesem Tag ausfällt, die Stimme, die uns beim Anblick des erwartungsvollen Publikums vor Aufregung wegbleibt, oder der pingelige Kollege, dem ausschließlich Zwischenfragen einfallen, auf die man keine Antwort weiß. Und diese Angst hat durchaus einen nützlichen Aspekt: Wir überprüfen, ob der Beamer läuft, wir besuchen eventuell ein Training für professionelle Präsentationen, und wir bereiten uns so umfassend wie möglich vor, um über das berichtete Gebiet genau Bescheid zu wissen.

Das Wissen, dass wir keineswegs existenziell bedroht sind, so wie früher auf der Jagd im Wald, hilft gegen die Angst nur bedingt. Bei größerer Anspannung werden Areale im Hirn angesprochen, die schon in der Steinzeit trainiert wurden. Ihr Alarmsystem geht immer noch bei möglichen Gefahren los, auch wenn diese längst nicht mehr lebensbedrohlich sind. Wichtig ist daher, sich in diesen Momenten klarzumachen, woher die Gefühle kommen.

EIN BISSCHEN ANGST IST ALSO NÜTZLICH, WEIL SIE UNS DAVOR BEWAHRT, FEHLER ZU MACHEN, UND WEIL SIE UNS ZU BESSERER LEISTUNG MOTIVIERT.

## VORSICHT VOR ZU GROSSER VORSICHT!

Schwierig wird es allerdings, wenn ich nicht mehr das richtige Maß finde. Um bei dem eben geschilderten Beispiel zu bleiben: Wenn ich den Beamer immer wieder überprüfe, obwohl der tadellos läuft. Wenn ich nicht mehr aufhören kann, an den Präsentationsfolien zu arbeiten und an ihnen herumzukorrigieren. Wenn ich immer neuen Stoff für meinen Vortrag sammele und mich dabei völlig in Details verliere.

Einige Menschen begegnen dieser Angst womöglich sogar so, dass sie gewisse Handlungen und Situationen lieber ganz vermeiden. Die Möglichkeit, dass sie versagen könnten, schreckt sie so sehr ab, dass sie lieber erst gar nicht anfangen. Hier gilt es, die Balance zu finden zwischen der Anstrengung, es gut und immer noch besser zu machen, und dem Gefühl, es lieber gleich bleiben zu lassen, weil es zu große Angst vor Versagen auslöst. Ob das gelingt, hängt eng mit dem Selbstwertgefühl zusammen, von dem im folgenden Kapitel die Rede sein wird.

# WAS SIND IHRE ÄNGSTE?

**NOTIEREN SIE, WAS IHNEN ANGST MACHT:**

Betrachten Sie, was Sie aufgeschrieben haben, und lassen Sie
es stehen, ohne direkt etwas daran ändern zu wollen.

# WIE VIEL BIN ICH MIR SELBST WERT?

## SICH SELBST GUT LEIDEN KÖNNEN

Wie wir damit umgehen, wenn uns etwas gelingt oder misslingt, das hängt in einem hohen Maß von unserem Selbstwertgefühl ab. Das Wort „Selbstwertgefühl" beschreibt, wie wir uns selbst sehen, welche Eigenschaften wir uns zuschreiben und welches Verhältnis wir zu der Person haben, die wir sind.

Mit einem guten Selbstwertgefühl ist nicht gemeint, dass ein Mensch eine besonders hohe Meinung von sich hat, sondern vielmehr, wie gut er sich kennt und ob er damit, wie er ist, zufrieden ist. Im besten Fall definiert man seinen Wert nicht über äußere Erfolge und Attraktivität, sondern über Eigenschaften, die nichts mit Leistung zu tun haben. So kann man zum Beispiel an sich selbst schätzen, nicht nachtragend zu sein, moralische Werte wichtiger zu finden als materielle oder einen skurrilen schwarzen Humor zu haben.

Eng verbunden mit dem Selbstwert ist auch die Vorstellung davon, was andere von uns denken. Diese bildet sich vor allem durch die Rückmeldungen, die wir von anderen bekommen. Es gibt wohl keinen Menschen, dem es vollkommen egal ist, was die anderen von ihm denken. Es wäre im Gegenteil sogar recht merkwürdig, wenn einer etwas gut gemacht hat und dafür bewundert wird und ihm dies völlig gleichgültig wäre. Schließlich orientieren wir uns von Kindheit an an positiven Vorbildern und den Rückmeldungen anderer.

An Vorbildern können wir uns nützliche Eigenschaften abschauen, und wir können lernen, womit man erfolgreich ist. Indem wir auf solche Hinweise achten, lernen wir zu tun, was uns guttut, und zu vermeiden, was uns schadet. Wir sind soziale Wesen und lernen voneinander und miteinander.

Auf der anderen Seite ist es weder möglich noch hilfreich, sich permanent um das Urteil der anderen zu kümmern. Ich kann nicht ständig im Blick behalten, wie andere finden, was ich tue. Damit etwas gelingt, muss ich mich – zumindest phasenweise – völlig auf das konzentrieren, was mir wichtig ist oder was mir Freude macht. Und nicht darauf, was vielleicht andere von mir erwarten. Ansonsten bin ich nicht gut darin, und Spaß habe ich auch keinen dabei.

# WER ZU SICH SELBST FINDEN WILL, DARF ANDERE NICHT NACH DEM WEG FRAGEN.

Paul Watzlawick

Es geht also darum, zu erkennen, ob die Maßstäbe, die ich mir setze, von mir selbst kommen und ob ich sie kontrollieren kann. Es ist wichtig zu erkennen, wenn da etwas von außen an mich herangetragen wird, was mich überfordert und mir eigentlich nicht entspricht. Wenn ich mir also ständig viel zu hohe Maßstäbe setze, weil ich glaube, dass das die anderen von mir erwarten, dann wird Perfektionismus problematisch.

Wenn in meiner Vorstellung andere die Messlatte für mich legen, dann bestimme ich nicht selbst über meinen Wert, sondern lasse andere bestimmen. Dieses Gefühl kann nur unangenehm sein. Einem Menschen geht es nur dann gut, wenn er das Gefühl hat, das Heft in der Hand zu haben. Und nur dann ist er überhaupt leistungsfähig. Kein gesunder Mensch gibt gerne die Kontrolle über sein Leben ab oder lässt andere darüber entscheiden, was er gut oder schlecht gemacht hat. Psychologen nennen das Selbstwirksamkeit: Wenn ich das Gefühl habe, dass ich frei darüber entscheiden kann, was ich tue, und dass ich damit auch etwas bewirken kann.

Wenn ein gutes Gefühl für mich selbst davon abhängt, dass andere mich gut finden, dann kann das dazu führen, dass ich mich immer mehr verausgabe, um anerkannt oder bewundert zu werden. Selbst wenn das bedeutet, dass ich viel zu viel arbeite, dass ich zu wenig schlafe oder dass ich aufhöre, mich mit Freunden zu treffen.

## SICH WAS GÖNNEN KÖNNEN

Ob die zu hohen Ansprüche nun selbst gesetzt sind oder von außen kommen: In beiden Fällen gehen Menschen an ihre Grenzen, verlangen sich zu viel ab und überfordern sich nicht selten so sehr, dass es sie krank macht.

Für alle ist wichtig zu erkennen, wann es genug ist. Es tut gut, sich nach dem Erreichen eines Ziels selbst zu loben, bei sich zu bedanken und sich etwas zu gönnen. Das muss gar nicht mehr sein als eine kleine Pause, ein nettes Gespräch in Ruhe ohne Reue und „Gleich muss ich noch …" im Kopf. Das kann aber auch ein ganzer freier Tag sein mit einer schönen Unternehmung. Oft hilft schon eine kleine bewusste Auszeit ganz enorm, wieder zu einem besseren Gefühl für sich selbst und die eigenen Bedürfnisse zu kommen. Im Rückblick auf unser Leben werden wir nicht stolz sein auf viele abgearbeitete Verpflichtungen. Wichtig sind dann doch eher schöne Momente, das Zusammensein mit geliebten Menschen, die fröhlichen Erinnerungen und die gesammelten Sonnenstrahlen.

# VORBILDER UND RESPEKTSPERSONEN

Erinnern Sie sich an Ihre Kindheit und Jugend:

## WER WAR IHNEN IN DIESER ZEIT ANLEITUNG UND VORBILD?

## VON WEM FÜHLTEN SIE SICH ZU KRITISCH BETRACHTET?

## WER AUS IHREM UMFELD BETRACHTET SIE AUCH HEUTE NOCH EHER KRITISCH?

## KÖNNEN SIE SICH DAVON DISTANZIEREN, FALLS SIE DAS STÖRT?

# PERFEKTIONISTISCHE DENKMUSTER

Es gibt bei Perfektionisten zwei typische Denkmuster, die sich immer wieder einschleichen und Auswirkungen auf das Denken und Handeln haben. Um diesen Denkmustern zu entgehen, muss man sie zunächst einmal erkennen und entlarven.

## SCHWARZ-WEISS-DENKEN

Viele Perfektionisten zeichnen sich dadurch aus, dass sie Erlebnisse, Ergebnisse, Eigenschaften und auch Menschen nach einem Schema bewerten, das nur zwei Kategorien kennt:

**entweder – oder.**

Entweder ist etwas gut – oder komplett schlecht. Entweder etwas klappt auf Anhieb – oder gar nicht. Entweder schaffe ich alles – oder nichts. Entweder bin ich ein Held – oder ein totaler Versager. Der Denkfehler dabei ist, zu übersehen, dass es zwischen Schwarz und Weiß eine große Grauzone gibt:

* Manches gelingt mir und manches nicht.
* Was ich jetzt nicht schaffe, schaffe ich eben später.
* Wenn etwas danebengeht, bin ich als Mensch immer noch in Ordnung.

## SCHWARZSEHEN

Leider überwiegt bei Schwarz-Weiß-Denkern eher die Farbe Schwarz. Perfektionisten malen sich meist nur in den düstersten Farben aus, was passieren wird, wenn sie etwas nicht richtig gut machen, und seien es nur Kleinigkeiten. Was passiert, wenn ich die Urlaubskarte an die Tante aus Versehen nicht abschicke oder gar nicht erst schreibe? Was passiert, wenn mein Soufflé vor den Augen der Gäste zusammenfällt? Was passiert, wenn ich mich bei meiner Präsentation verhaspele oder ich bei einer Zwischenfrage die Antwort nicht parat habe?

Die Befürchtungen, was alles schiefgehen könnte, rücken so sehr in den Vordergrund, dass für Zuversicht und gesundes Vertrauen, dass schon alles gut gehen wird, kein Raum mehr bleibt.

# ÜBUNG FÜR DEN ALLTAG:
# FARBEN SEHEN

Gehen Sie den letzten richtig stressigen Tag,
den Sie erlebt haben, einmal in Gedanken durch.

## NOTIEREN SIE, WAS IHN FÜR SIE SO ANSTRENGEND GEMACHT HAT:

........................................................................................

........................................................................................

........................................................................................

........................................................................................

........................................................................................

........................................................................................

........................................................................................

Überlegen Sie zu jedem Punkt, was passiert wäre, wenn Sie nicht an Ihre
Grenzen gegangen wären. Malen Sie sich die Folgen aus, und zwar in leuchtenden
Farben (siehe „Schwarzsehen"). Kann es sein, dass dennoch alles gut ausgegangen wäre?
Nehmen Sie die Übung vielleicht mit in den nächsten Tag, der Sie stark fordert.
Probieren Sie an den kritischen Stellen aus, die möglichen Folgen nicht düster,
sondern in schillernden Farben zu sehen. Gelingt Ihnen vielleicht so öfter mal ein
inneres Schulterzucken und ein „Ach, egal"?

# WENIGER MÜSSEN MÜSSEN

Eine sehr häufig benutzte Vokabel im Wortschatz von Perfektionisten: „müssen"! Etwas „muss" geschehen. Dinge „müssen" erledigt werden. Sogar ich „muss" in einer ganz bestimmten Art und Weise sein. Oft hören wir uns oder andere vom „Müssen" reden, als gäbe es gar keine andere Option. In dieser Formulierung stecken viel Zwang und Starrheit, die uns am echten Leben hindern und in vielen Momenten den Spaß verderben.

## ICH MUSS, MUSS, MUSS

Eigentlich müsste ich noch die Wäsche waschen. Ich müsste mehr lesen, vor allem Anspruchsvolleres. So, wir müssen los, sonst kommen wir noch zu spät. Ich müsste mal wieder meine Mutter anrufen. Genau jetzt müsste ich eigentlich beim Sport sein und nicht mit meinem neuen Verehrer im Café sitzen und Weißwein trinken …

Wahrscheinlich begegnet den meisten von uns täglich der Gedanke an ein „Muss". Die Folge ist, dass wir bei allem, was wir tun, das Gefühl haben, etwas anderes sei eigentlich wichtiger. Während man aufräumt, denkt man ans Putzen. Und während man die Post erledigt, denkt man daran, dass die Blumen gegossen werden müssen. Das Gefühl bleibt leider häufig sogar dann, wenn eigentlich Muße statt „muss" angesagt ist: Darf ich denn jetzt überhaupt einfach nur aus dem Fenster schauen oder müsste ich nicht eher Theaterkarten besorgen und mich weiterbilden? Darf ich ausschlafen oder war es nicht so, dass nur der frühe Vogel den Wurm fängt? Ständig ist da diese mahnende Stimme aus dem Off, die uns sagt, wie etwas zu sein hat und was wir zu tun haben.

## UND WENN ICH ES NICHT TUE?

Und was passiert, wenn man einfach mal nicht darauf achtet, was einem da eingeflüstert wird? Wenn eine dringende Angelegenheit mal liegen bleibt? Was würde ich wollen, wenn ich das „Müssen" weglassen dürfte? Was täte ich,

wenn ich frei entscheiden dürfte,
was ich als Nächstes tue?
Leider empfinden es viele
Menschen schon als ganz
selbstverständlich, dass
sie keine Wahl haben
und ihr Leben haupt-
sächlich aus Verpflich-
tungen besteht und
nicht aus Salsa tanzen
und Sangria trinken.
Oder aus Walzer tanzen
und Sachertorte essen.
Darum fällt ihnen oft gar
nicht weiter auf, wie viel Le-
bensqualität ihnen schon verloren
gegangen ist. Das merken sie erst,
wenn sie nicht mehr können. Dann
haben sie auf gar
nichts mehr Lust,
auch nicht mehr
auf die schönen
Dinge des Lebens.
Und sie fragen sich,
wie es dazu kom-
men konnte.

# ICH
## SCHAFF
## DAS SCHON

Mit dem Anspruch, perfekt sein zu wollen, stehe ich vor allem einer Person im Weg: **mir selbst.** Da ist zu oft die Sorge, nicht alles zu schaffen, nicht rechtzeitig fertig zu werden und nicht alle Möglichkeiten genutzt zu haben. Begleitet von Zweifeln, ob man überhaupt gut genug und geeignet für all die Aufgaben im Leben ist. **„Machen andere das nicht mit sehr viel mehr Leichtigkeit?"**, martert man sich und kämpft sich durch den Dschungel seiner Erledigungen. Versucht, möglichst viel unter einen Hut zu kriegen und dabei auch noch gut auszusehen …

# PAUSENALARM

Schon morgens geht es los. Man steht unter der Dusche, aber anstatt Wärme, Wasser und Seifenschaum zu genießen, geht man in Gedanken durch, was alles noch getan werden muss (und zwar dringend). Führt innere Telefonate und Dialoge und schreibt im Kopf schon mal eine E-Mail. Anstatt dem Marmeladerbrot die ihm gebührende Aufmerksamkeit zu schenken, wird es achtlos hinuntergeschlungen, weil noch eine Einkaufsliste geschrieben werden muss (Brot, Marmelade ...). Ein voller Tag wartet. Und dann fällt einem im Treppenhaus ein Aushang ins Auge, der schon seit einer Woche da hängen muss: Morgen um die Mittagszeit kommt der Schornsteinfeger und will informiert werden, falls man nicht zu Hause ist. Bei der Gelegenheit fällt einem der Geburtstag der alten Nachbarin ein (ebenfalls morgen), der man zumindest ein paar Blümchen vorbeibringen wollte. Und wieso blinkt ausgerechnet heute noch das „Öl-wird-knapp!"-Lämpchen im Auto?

## KANN MICH BITTE MAL JEMAND KLONEN?

Endlich im Büro angekommen, wünscht man nun endgültig, sich in mehrere Leute teilen zu können. Da starrt man sowieso schon angestrengt auf ein bis zwei Bildschirme, weil bis mittags eine Analyse/ein lustiger Text/ein Laborbericht fertig sein muss, und versucht gleichzeitig zu entscheiden, welche E-Mail am dringendsten beantwortet werden muss. Weswegen man sich auch gar nicht richtig auf die Analyse/den lustigen Text/den Laborbericht konzentrieren kann. Das Läuten des Telefons hat man indes schon dreimal ignoriert.

Und dann, wenn man sowieso schon glaubt, dass nicht noch mehr in einen Vormittag und einen Kopf hineinpasst und alle inneren Prozessoren kurz davor sind durchzuglühen – da steht plötzlich noch eine Kollegin in der Tür und sammelt Geld ein für einen runden Geburtstag mitsamt Karte zum Unterschreiben. Im Fass schwappt es bedenklich, läuft aber ganz knapp nicht über.

So geht der Tag ins Land und die Mittagspause drauf, die Nerven liegen blank, der Schornsteinfeger wird auch noch angerufen, und vielleicht ist sogar Zeit für eine halbe Stunde Sport. Nachher sitzt man noch freundlich lächelnd beim Elternabend oder bei der kurzfristig anberaumten Vereinssitzung. Was gar nicht so schlecht ist, weil man dort im Gedanken die Einkaufsliste für die Wochenend-Einladung durchgehen kann ...

## ES KLAPPT SCHON IRGENDWIE, ABER ES MACHT KEINEN SPASS

Am Ende des Tages hat man dann doch irgendwie alles geschafft. Allerdings zu dem Preis, dass man ihn mit zusammengebissenen Zähnen, heruntergezogenen Mundwinkeln und sowieso immer tiefer werdenden Stirnfalten verbracht hat. Ab und an, falls die Zeit es zulässt, stellt sich die Frage, was man eigentlich falsch macht, wenn man immer so durch die Gegend hetzt. Müsste man sich besser organisieren und Dinge priorisieren lernen, um die berühmten Freiräume und Me-Time-Einheiten für sich zu gewinnen?

An dieser Stelle wollen wir festhalten: Bei völlig überfüllten Tagen nützen „kluges Zeitmanagement" oder „effiziente Techniken", die man in teuren Seminaren lernen kann, auch nichts. Es kommt der Moment, da das Maß einfach voll ist und man realisieren muss, dass jetzt etwas angesagt ist, was leider völlig aus der Mode gekommen ist:

Eine Pause machen bedeutet auch, Nein zu sagen. Eine Pause ist nicht plötzlich möglich, nur weil man sie sich vornimmt. Meistens hängt damit zusammen, dass ich jemandem eine Absage erteile (der Nachbarin), dass jemand anders meinen Part übernehmen muss (den Schornsteinfeger anrufen) oder dass ich ablehne, etwas zu tun (und die Versammlung sausen lasse und zu Hause bleibe).

Diese Kröte muss man schlucken, wenn man sich mehr Entspannung und Freiraum wünscht. **Darum sollten Sie das Neinsagen und das Erteilen von Absagen regelmäßig üben. Nicht erst dann, wenn der Pausenalarm schrillt (dann aber unbedingt).**

# PAUSE MACHEN – SO GEHT'S:

### AUF DEN HINTERN SETZEN UND FÜSSE HOCH

Mit diesem Trick ist der unruhige Körper erst einmal eine Weile außer Gefecht gesetzt, und der Geist ist gezwungen, es ihm gleichzutun. Mindestens zehn Minuten!

### BEWEGUNG UND FRISCHE LUFT

Gehen Sie raus! Laufen Sie notfalls in der Mittagspause durchs Industriegebiet oder auf dem Nachhauseweg eine U-Bahn-Station zu Fuß.

### GEBEN SIE ALLTÄGLICHEN VERRICHTUNGEN MEHR RAUM

Zum Beispiel, indem Sie eine Viertelstunde länger frühstücken, einen Einkauf ganz in Ruhe erledigen oder den Hund besonders sorgfältig bürsten. Der wird sich freuen.

### MINIPAUSE IM BÜRO MIT VITAMINSPRITZE

Einen Apfel essen und aus dem Fenster gucken. Für ein paar Minuten nicht, gar nicht und kein bisschen an die nächsten Aufgaben denken.

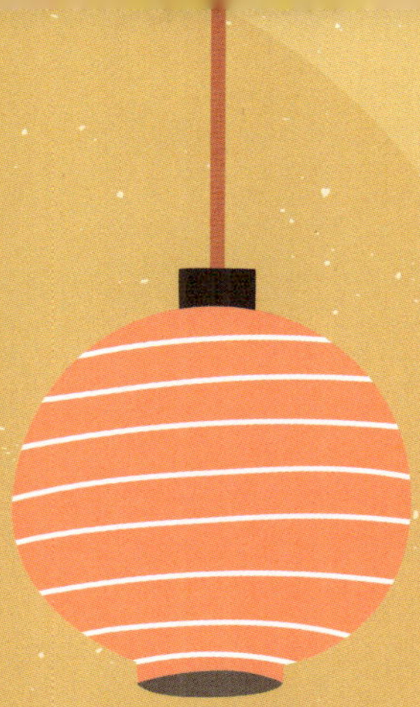

## SICH SELBST EINFACH MAL IN RUHE LASSEN

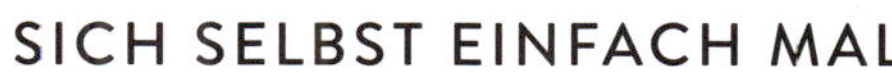

Nicht zum Sport gehen, eine Verabredung absagen, zum Abendessen Tiefkühlpizza aufbacken und für den nächsten Morgen den Wecker später stellen.

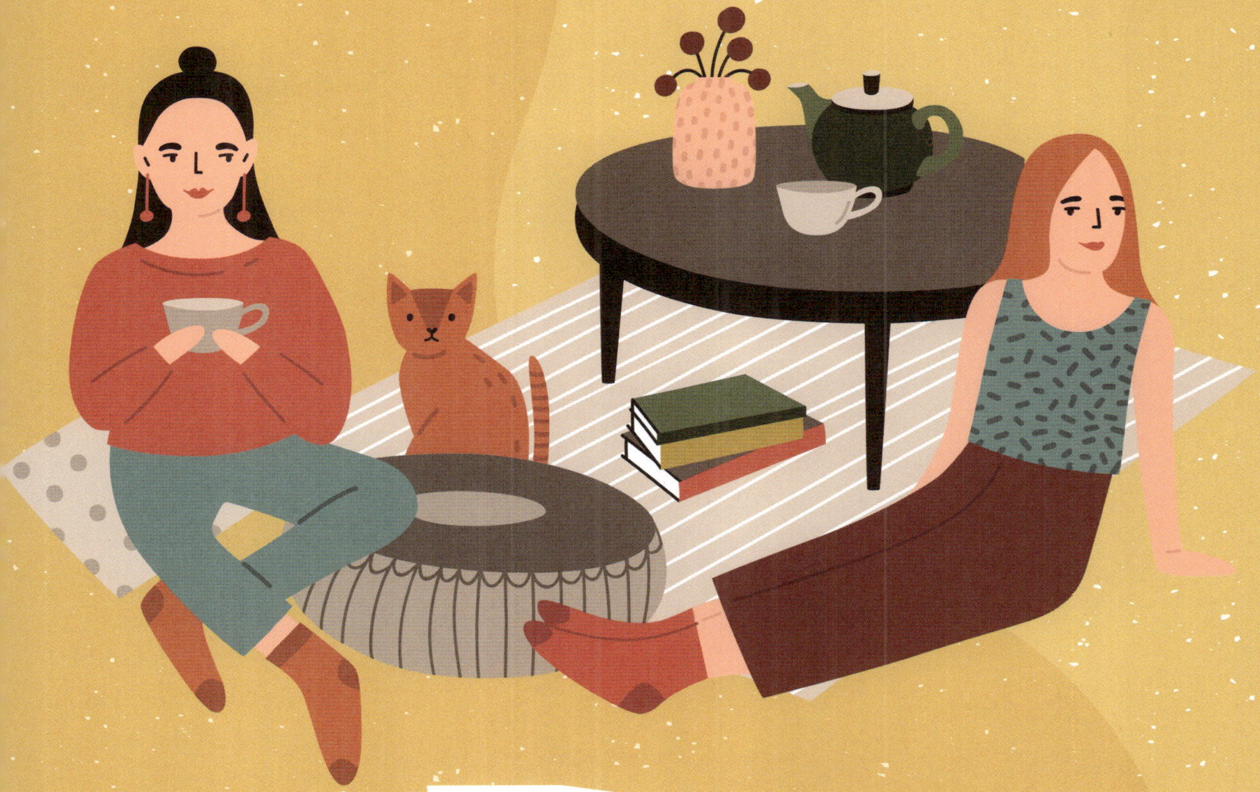

## FÜR FORTGESCHRITTENE

Einen Tag freinehmen von Beruf oder Familie, unverhofft und ungeplant. Warten Sie einfach mal ab, was Sie dann mit ihm anfangen. Oder noch besser: Was Sie da alles bleiben lassen.

# DER PAUSEN-ALARM GEHT LOS, WENN ...

□ ... mir auch bei Tätigkeiten, die mir eigentlich Spaß machen oder mich entspannen sollten, die ewig lange To-do-Liste nicht aus dem Kopf geht.

□ ... es nur noch Alltag gibt, ich gewisse Dinge nur noch mechanisch erledige und dabei gar nicht mehr richtig anwesend bin.

□ ... ich nur noch nach einem festgelegten inneren Plan handele und das Gefühl habe, nicht mehr davon abweichen zu dürfen oder zu können.

□ ... ich bei einer Tätigkeit schon an die nächste denke und mich weder auf die eine noch auf die andere wirklich konzentrieren kann.

□ ... Kleinigkeiten nerven und ich bemerke, dass sich immer mehr Gedanken um Fehler der anderen und Ärgernisse im Leben drehen.

□ ... ich froh bin, dass Verabredungen/ Geburtstage/ Ausflüge ausfallen, weil ich sowieso keine Zeit dafür und keinen Spaß daran gehabt hätte.

Eine Pause machen bedeutet, kurz (oder auch ein wenig länger) die Dinge bleiben zu lassen, von denen man bis eben noch glaubte, man müsse sie ganz unbedingt tun. Das geht nur mit „Ach, egal!" und Mut zur Lücke. Wenn es sonst niemand tut, wird der Schornsteinfeger eben nicht angerufen. Mal sehen, was dann passiert. Das Telefon lasse ich klingeln. Die Nachbarin bekommt eventuell ihre Blumen, aber bestimmt keine Klagen über „zu wenig Zeit" zu hören. Ich bin immer noch ein guter Mensch, auch wenn ich mir den Sport heute erlasse. Die Kollegin darf mich heute gerne mal blöd finden, wenn ich die Geburtstagskarte erst morgen unterschreibe.

Etablieren Sie Pausen, selbst dann, wenn Sie glauben, sich keine erlauben zu können. Notfalls erklären Sie dem inneren Perfektionisten, dass regelmäßige Pausen zu einem gelungenen Leben ebenso dazugehören wie bravourös erledigte Aufgaben. Denn nach einer Pause geht es ja erstens wieder weiter und zweitens mit besserer Laune.

# Was ohne RUHE-PAUSEN geschieht, ist nicht von DAUER.

Ovid

# SOS BEI AKUTER ÜBERLASTUNG

Wenn die Halsschlagader schon beim geringsten Anlass pocht, die Konzentration schwindet oder die Stimmung trotz hellen Sonnenscheins düster ist, helfen die folgenden kleinen Sofortmaßnahmen:

- **Beschäftigen Sie sich mit dem Leben.** Lesen Sie ein paar Seiten, kochen Sie einen Pudding, versorgen Sie eine Zimmerpflanze oder beobachten Sie Ihr Haustier beim Schlafen.

- **Schlafen Sie.** Ein Nachmittagsnickerchen oder früh ins Bett kann Wunder wirken.

- **Stellen Sie das Denken und Reden für ein paar Minuten ein.** Geben Sie sich Ruhe ohne Fernseher, ohne das Glas Rotwein, ohne Smartphone.

- **Konzentrieren Sie sich bei geschlossenen Augen auf Ihre Atmung.** Das ist in jeder Lebenslage möglich, sogar am randvollen Schreibtisch.

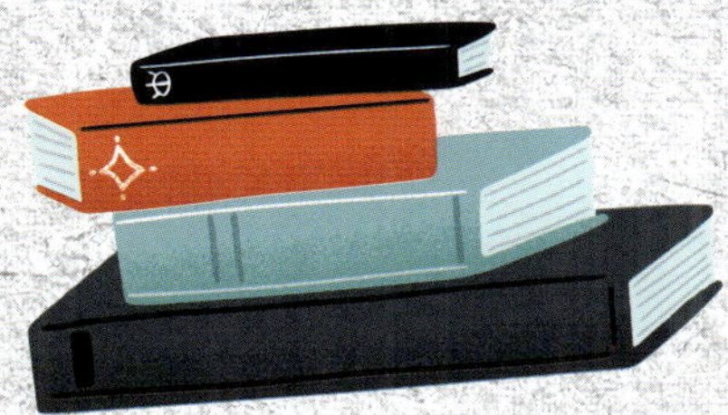

# ETWAS **BLEIBEN LASSEN**

Was banal klingt, ist für viele ein schwieriges Unterfangen:
einfach etwas nicht machen. Perfektionisten betrachten es als Schwäche,
nicht alles geschafft zu haben. Meist sehen sie nur die negativen Folgen,
wenn etwas unerledigt bleibt. Gehen Sie in Gedanken durch, was heute,
was diese Woche noch getan werden muss.

**UND JETZT NOTIEREN SIE ZU JEDEM PUNKT,
WAS GESCHIEHT, WENN SIE ES NICHT TUN.**

Das sind Ihre ganz
persönlichen Mitmach-
Seiten. Hören Sie gut
in sich hinein, bevor
Sie mit dem Schreiben
beginnen. Auf den
Seiten 17/18 finden
Sie noch einige An-
regungen für das
Ausfüllen der Seiten.

## MUSS DAFÜR JEMAND WIRKLICH LEIDEN, WENN SIE ES SICH ERLAUBEN, ES NICHT ZU ERLEDIGEN?

## WOFÜR BLEIBT IHNEN DANN EIN WENIG EXTRA FREIRAUM, UM ETWAS SCHÖNES ZU UNTERNEHMEN ODER SCHLICHTWEG EIN WENIG AUSZURUHEN?

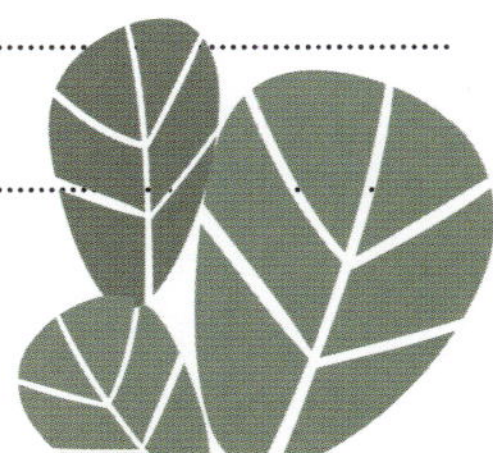

Wer
noch nie einen
FEHLER
gemacht hat,
hat sich noch nie
an etwas
NEUEM
versucht.

Albert Einstein

# DEM ZUFALL EINE CHANCE GEBEN

Aus dem vorangegangenen Kapitel lernen wir: Füße hoch, Kopf in den Nacken und Nase in die Sonne – diese einfach zu erlernende Haltung verhindert verlässlich, dass wir uns permanent überfordern. Wenn man nämlich gemütlich dasitzt, kann man nicht herumwuseln, Dinge erledigen, den Tag, die Woche oder den Rest des Lebens planen. Man ist einfach damit beschäftigt, sich von den Sonnenstrahlen kitzeln zu lassen. Aber ist das nicht ein wenig riskant und fahrlässig? Was bleibt da alles liegen, und was wird einen dann irgendwann wieder einholen und kalt erwischen? Für diese Sorgen gibt es eine einfache Lösung:

## ES WIRD SCHON IRGENDWIE GEHEN

Die Rheinländer und insbesondere die Kölner haben für den Umstand, dass man letzten Endes ja doch nicht weiß, wie alles ausgeht, eine wunderbar optimistische Sichtweise: **„Et hätt noch emmer joot jejange"** lautet Artikel 3 des Kölschen Grundgesetzes, zu Deutsch: Es ist bisher noch immer gut gegangen. Der Spruch bedeutet nicht, dass den Kölnern egal wäre, wie es weitergeht, sondern er drückt die Zuversicht aus, dass irgendwie schon alles gut wird. Es steckt die Einsicht darin, dass der Mensch nicht alles planen kann und er sich darum besser gleich darin übt, dem natürlichen Lauf der Dinge seine Rechte einzuräumen. Diese Einstellung macht Platz für ein Phänomen des Lebens, das dieser Tage im Alltag oft zu kurz kommt: Gottvertrauen, Vertrauen in eine höhere Macht oder, wem das zu spirituell klingt, ganz profan: dem Zufall.

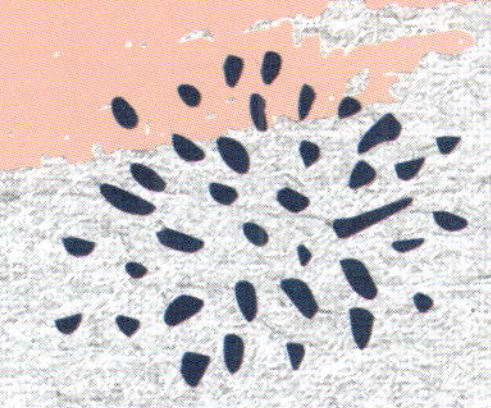

### NUR DURCH DEN ZUFALL ENTSTEHT ETWAS NEUES

Nicht nur, dass wir uns sehr entlasten, wenn wir das ewige Planen aufgeben, wenn wir aufhören, mögliche Fehler im Voraus abzuwägen, und wenn wir auch einfach mal was liegen lassen. Es gibt noch einen weiteren Aspekt bei der Sache: Wenn wir lockerlassen und aufhören vorauszuplanen, kann etwas Neues entstehen. Zufälle waren sehr oft im Spiel bei Erfindungen und Entdeckungen, man denke nur an Kolumbus ... Auf vieles wäre der Mensch von alleine ja gar nicht gekommen, wenn nicht Verschiedenes schiefgegangen wäre, wie zum Beispiel, dass auf dem Weg nach Indien ein ganzer Kontinent im Weg war.

Oder, um ein anderes Beispiel zu nennen: Eines schönen Tages verdarben Lebensmittel, weil einer nicht aufgepasst hatte. Nur durch dieses Versehen erfuhr der Mensch, wie Blauschimmelkäse und Rotwein entstehen und dass man diese sehr lecker finden kann.

Lassen Sie es also ruhig zu, dass in Ihrem Leben nicht immer alles geregelt ist. Gewöhnen Sie sich an den Gedanken, dass mal was misslingen darf. Wenn es so weit ist, dann steht Ihnen immer noch offen, dazu „Ach, egal!" zu sagen, sich ein bisschen zu ärgern, die Scherben einzusammeln (siehe dazu das Kapitel zu Kintsugi auf Seite 118) – und weiter geht's.

# „WIRD SCHON WERDEN" – EIN SPRUCH FÜR ALLE LEBENSLAGEN

… wenn das Reisegepäck nicht die für alle Lebens- und Wetterlagen notwendigen Kleidungsstücke und Utensilien enthält.

… wenn man die Party eines guten Freundes absagt, weil man dringender einen ruhigen Samstagabend nötig hat.

… wenn der Kühlschrank zum verlängerten Wochenende nicht berstend voll ist.

… wenn man sich fragt, ob in dieser kleinteiligen und mehrfach verschachtelten E-Mail zur Urlaubsübergabe an die Kollegin nun wirklich alles drinsteht.

… wenn man den Ehemann zum Einkaufen schickt, anstatt die exotischen Zutaten für dieses neue Rezept selbst zu besorgen.

… wenn man fiebrig im Bett liegt und keinen anderen Weg sieht, als sich krankzumelden und damit die Kollegen hängen zu lassen.

… wenn man der Ansicht ist, dass der Sohn die falsche Schwiegertochter geheiratet hat.

# ET HÄTT NOCH EMMER JOOT JEJANGE*

Hier dürfen Sie auflisten, was Ihnen gerade durch den Kopf geht und Sorgen bereitet, weil der Ausgang ungewiss ist.

Das sind Ihre ganz persönlichen Mitmach-Seiten. Hören Sie gut in sich hinein, bevor Sie mit dem Schreiben beginnen. Auf den Seiten 17/18 finden Sie noch einige Anregungen für das Ausfüllen der Seiten.

* siehe Seite 84

UND, IST ES SEHR UNWAHRSCHEINLICH, DASS ES SO AUSGEHT?

# HEUTE SCHON ...?

- ☐ AN EINER ROSE GEROCHEN
- ☐ DIE BEINE HOCHGELEGT
- ☐ EIN PAAR LÖCHER IN DIE LUFT GESTARRT
- ☐ WAS FALLEN LASSEN
- ☐ GESAGT „OH, WIE PEINLICH"
- ☐ ........................................
- ☐ ........................................

IHRE FAST-PERFEKT-BUCKET-LIST

# WER IMMER NUR DAS TUT, WAS ER SCHON KANN, BLEIBT IMMER NUR DAS, WAS ER SCHON IST.

Henry Ford

# DARF ICH SO BLEIBEN, WIE ICH BIN?

### ENTWEDER – ODER?

Nun wurde gleich zwei ganze Kapitel lang ein Loblied auf das Faulsein und Bleibenlassen gesungen. Steckt da aber nicht auch ein wenig zu viel Stillstand in diesem Bild vom zufriedenen Menschen, dessen Hauptziel es ist, sich auszuruhen? Stillstand mögen wir ja bei aller Sehnsucht nach Pausen nicht gerne. Zu gemütlich sollen und wollen wir es uns auf dem Plätzchen, das wir uns im Universum erobert haben, auch nicht machen. Den Menschen macht doch schließlich aus, dass er von sich und vom Leben etwas fordert, ständig dazulernt und sich weiterentwickelt. Das Dilemma zwischen Verweilen und Entwicklung kannte schon Goethes Faust, wenn sich noch jemand erinnert. Und das ging leider gar nicht gut aus ... Wir Menschen haben es schon nicht leicht mit unseren zwei Herzen in der Brust. Ständig fühlen wir uns zwischen zwei Seiten hin- und hergerissen. Berge oder Meer, Himbeereis oder Dinkelstange, ausschlafen oder Frühsport. Es gibt immer gute Argumente für die eine wie für die andere Seite.

Auch mit der Vorstellung von persönlicher Entfaltung verbinden wir nicht Stagnation, sondern Entwicklung und damit auch Veränderung. Gerne hören wir davon, dass jemand auf dem Weg ist, zu sich selbst zu finden. Vielleicht hat er sich sogar neu erfunden. Bei einer anstrengenden oder einer außergewöhnlichen Erfahrung ist jemand über sich hinausgewachsen. Alle diese Begriffe und Bilder machen Lust auf Veränderung und Aktivität, und es schwingt eine gewisse Sehnsucht darin mit, es diesen Leuten gleichzutun.

## ... UND RUHE IST LEBENSNOTWENDIG

Und dennoch ist es gut, ruhende Punkte wahrzunehmen und zu genießen. Es ist eben ein Grundbedürfnis des Menschen, in die Ruhe zu kommen. Eigentlich ist er gar nicht gemacht für die vielen Ansprüche, die heute in allen Bereichen an ihn gestellt werden. Damit es ihm gut geht, braucht er Momente, in denen er einfach sein darf, wie er ist, und sich nicht entwickeln und verbessern muss. Noch besser ist es, wenn er von Menschen umgeben ist, die ihm das auch vermitteln und ermöglichen.

Es ist schön, sich auszuruhen, ohne dass diesem guten Gefühl sofort ein „aber" folgt. Wer ruhen kann, schöpft Kraft für neue Unternehmungen. Im übertragenen Sinn gilt auch: Wer sich mag und mit sich einverstanden ist, der schöpft daraus Kraft für Erneuerung und Entwicklung. Das schließt die Bereitschaft zu lernen und sich anzustrengen aber natürlich nicht aus. Im Grunde gehört beides zusammen.

Weil wir permanent umgeben sind von Empfehlungen zur Optimierung unserer Person, kann es schon mal passieren, dass wir unsere Freizeit mit schlechtem Gewissen verbringen. Leider haben wir zu oft das Gefühl, dass andere bestimmen dürfen, wie sehr und wonach wir uns gerade strecken sollen. Manchmal scheint es uns, als gäbe es auch für die Form des Ausruhens und der Regeneration genaue Vorschriften. Die gute Nachricht: Das ist nicht so. Was angemessen ist, entscheiden wir nämlich selbst, zum Beispiel …

## ICH DARF BESTIMMEN

**Fazit:** Erlaubt ist, was guttut und was man gerade braucht. Es gibt Phasen, in denen wir uns fordern und an unsere Grenzen gehen. Und es gibt Phasen, in denen wir einen ganzen Tag vertrödeln, um am Abend ein ratloses Gesicht zu machen, wenn einer fragt, was man heute so gemacht hat. Beide Bedürfnisse haben ihre Berechtigung. Schließlich fahren wir auch den einen Sommer ans Meer und dann zur Abwechslung wieder mal in die Berge. Um zufrieden leben zu können, gilt es, ein Maß zu finden zwischen „Da geht noch was" und „Fürs Erste reicht's". Das Maß bestimmen alleine Sie selbst, denn Sie selbst wissen am besten, wie es Ihnen geht. Nur Sie können beurteilen, ob Sie noch was erleben möchten oder ob Sie eine Pause brauchen. Und wie die aussehen soll, ist auch ganz allein Ihre Sache. Leider orientieren wir uns zu oft an dem, was andere meinen, wie sehr wir uns anstrengen müssten.

**VERGEGENWÄRTIGEN SIE SICH IN REGELMÄSSIGEN ABSTÄNDEN:**

Sie selbst führen den Hund Ihrer Ansprüche an der Leine (siehe Seite 38), und nur Sie können ihm mit „Bei Fuß!" signalisieren, dass er zu schnell ist. Denn auf andere hört er nicht!

# VERÄNDERUNG UND BESTÄNDIGKEIT

EIGENTLICH HABE ICH KEINE LUST MEHR, MICH DAMIT ABZUMÜHEN, BESSER ZU WERDEN IN:

## SEHR GUT BIN ICH SCHON IN:

# ENTSCHEIDE LIEBER UNGEFÄHR RICHTIG, ALS GENAU FALSCH.

**Johann Wolfgang von Goethe**

# SO VIELE MÖGLICHKEITEN!

Es ist also nicht leicht, ein Maß zu finden zwischen wohlverdienter Ruhe und dem Bedürfnis, sich zu entwickeln und zu verändern. In welche Richtung der Zeiger in unseren modernen Zeiten ausschlägt, ist klar: Wir dürfen uns zwischen so vielen Möglichkeiten entscheiden, dass ein einziges Leben dafür kaum ausreicht. Eigentlich wundert es einen nicht, dass so viele Menschen darüber klagen, keine Zeit bzw. zu viel um die Ohren zu haben und niemals fertig zu werden. Fast ist es schon normal geworden, dass man sich über abgesagte Verabredungen heimlich freut, weil das ein kleines freies Zeitfenster bedeutet, oder gute Freunde schon ewig nicht mehr gesehen hat, weil die Zeit dafür fehlt.

Damals in der Steinzeithöhle war man gut ausgelastet damit, das Feuer in Gang zu halten, auf die Jagd zu gehen und sich die besten Stellen beim Beerensammeln zu merken. Auch im Vergleich zur Zeit vor 200, 100 oder auch nur 50 Jahren stellen wir fest, dass der moderne Mensch kontinuierlich viele Annehmlichkeiten und Freiheiten dazugewonnen hat. Die Zubereitung von Nahrung, die Anfertigung und Instandhaltung von Kleidung, das Waschen der Wäsche, Fortbewegung – das alles war früher richtig zeitaufwendig. Da blieb nicht viel Freiraum für Grillabende und zum Squash spielen.

Eigentlich sollten wir doch Zeit gewonnen haben durch all die Verbesserungen, die der technische Fortschritt mit sich gebracht hat. Wir stellen allerdings eher fest, dass die neu gewonnenen Freiheiten uns auch vor neue Fragen stellen, nämlich wie wir all die freie Zeit sinnvoll nutzen können. Wir wollen was erleben, aus dem Vollen schöpfen. Und wir wollen uns beweisen, dass wir was können, auch wenn wir nicht mehr auf die Jagd gehen.

WIR WISSEN JEDERZEIT,
WAS WO LOS IST

Durch die mediale Entwicklung sind wir immer
gut vernetzt und informiert. Wir wissen, wer
was gerade macht und was wo läuft. Tut sich
unverhofft ein Zeitfenster auf, können wir schnell
herausfinden, was wir an einem freien Abend
unternehmen können oder wo wir am
Wochenende schnell hinfliegen könnten.
Ist uns nach mentaler Entwicklung, können wir
sofort ein Wochenendseminar zum „Inneren
Kritiker" buchen oder uns zur Klangschalen-
meditation im Sauerland anmelden. Es ist leicht
geworden, sich zu verabreden, weil wir durch
soziale Medien meistens gut informiert sind,
was unsere Freunde gerade tun. Genauso
schnell können wir Verabredungen auch wieder
absagen, wenn eine bessere Option am
Horizont auftaucht.

Auch gesellschaftliche Zwänge und Moralvorstellungen haben permanent abgenommen und geben uns mehr Freiheit. Früher musste, wer am Sonntag mal nicht in die Kirche ging, eine richtig gute Ausrede haben. Es ist auch noch nicht lange her, dass ein unverheiratetes Paar keine Wohnung mieten konnte, weil Vermieter solche Verhältnisse in ihrem Haus nicht duldeten. Man war sich einigermaßen einig über angemessene Rocklängen und Krawattenfarben, und in die Oper ging man in Abendkleid und Nerzstola bzw. in Anzug, mit Weste und Taschenuhr. Sogenannte Fernsehansager saßen stocksteif vor der Kamera und verlasen, welche Sendung nun folgen würde – vorausgesetzt, es kam überhaupt noch eine Sendung und nicht nur das Testbild. Schriftliche Kommunikation war ebenfalls recht steif, wenn man einmal einen Geschäftsbrief von vor 50 Jahren mit einer E-Mail von heute vergleicht – von den Gepflogenheiten auf Facebook, Instagram, Twitter & Co. mal ganz abgesehen.

## DAS HAT ES FRÜHER NICHT GEGEBEN!

Unsere Möglichkeiten und Freiheiten nehmen also immer mehr zu. Das finden nicht alle gut, und wahrscheinlich erinnern sich viele von uns an kopfschüttelnde Großeltern, die davon sprachen, dass sie sich „so etwas" nie erlaubt hätten, sei es der Lebensstil oder die Art, wie wir uns kleiden. Und vielleicht betrachten auch manche von uns die nachfolgende Generation und erwischen sich selbst beim Kopfschütteln und ähnlichen Gedanken. Aber das ist ein anderes Thema.

Kopfschütteln hin oder her – wir erlauben uns immer mehr, weil wir freier werden. Zusätzlich ermöglichen uns die gegebenen Lebensumstände immer mehr. Durch technologischen Fortschritt und die Befreiung von gesellschaftlichen Zwängen haben wir so viele Möglichkeiten wie nie, dürfen frei entscheiden, wo, wie, mit wem wir leben wollen. Das ist ein sehr positiver Aspekt am Wesen des Menschen – durch den Willen zur Veränderung und Verbesserung verschafft die Menschheit sich immer mehr Komfort und Freiheiten.

## STILLSTAND IRRITIERT UNS, AUCH WENN WIR UNS NACH RUHE SEHNEN

Zu viele Möglichkeiten können allerdings auch überfordern. Für manche von uns sind sie nicht nur ein Segen. Es ist durchaus möglich, dass uns der Umstand, dass wir so frei sind wie noch nie, unter Druck setzt: „Jetzt ist das alles möglich – nun muss ich aber auch." Die anderen sind ja auch ständig unterwegs und tun was, da kann ich mich doch nicht entziehen.

Diese in der Geschichte der Menschheit recht neue Freiheit kann man sich wie einen Muskel vorstellen, der erst noch wachsen und trainiert werden muss. Über Jahrtausende kämpfte der Mensch um Nahrung, Unterkunft, Wärme und Sicherheit, ums Überleben eben. Später dann gegen Normen und Zwänge, die ihn einschränkten. Bei diesem Kampf, oder nennen wir es lieber stetige Entwicklung, sind wir weit gekommen. Jetzt holen wir Luft, schauen uns um und fragen verunsichert:

**„WAS FANGE ICH DENN JETZT ÜBERHAUPT MIT MEINER FREIHEIT AN?"**

Es gibt eine Kindergeschichte von einer kleinen Maus, die versehentlich über Nacht in einem Lebensmittelladen eingeschlossen wurde. Nach dem ersten Schreck begriff sie, dass sie nun die ganze Nacht Zeit haben würde, die leckeren Sachen zu probieren, an die sie sonst nie herankam, weil sie sofort verscheucht wurde. Aufgeregt rannte sie von Regal zu Regal. Zuerst die Schokolade oder zuerst den Käse? Mehl, Zucker, Kakao? Oder doch lieber die Früchte? Sie konnte sich vor lauter Möglichkeiten nicht entscheiden und rannte die ganze Nacht unentschlossen hin und her. So lange trieb sie das, bis die Sonne aufging und der Ladenbesitzer wieder aufschloss. Er entdeckte die übernächtigte Maus und verjagte sie mit einem Besen. Und die Maus war nicht dazu gekommen, überhaupt etwas zu essen.

Ein wenig geht es uns wie der Maus, die sich vor lauter Möglichkeiten nicht entscheiden kann. Unter normalen Bedingungen fürchtet sie den Ladenbesitzer, der sie jederzeit verjagen könnte, nagt an, was sie gerade vor der Nase hat, und isst sich satt. Sie weiß ja nicht, ob die Gelegenheit wiederkommt. Stehen ihr aber alle Möglichkeiten offen, muss sie erst lernen, Entscheidungen zu treffen. Und Entscheidungen für etwas bedeuten auch immer Entscheidungen gegen etwas.

Auch wir müssen herausfinden, was uns wichtig ist, und ein paar Gelegenheiten sausen lassen. Wenn man auf allen Hochzeiten tanzen will, fällt jeder Tanz ein wenig zu kurz aus. Zur Entscheidung, was ich tun möchte, gehört immer auch die Entscheidung, was ich bleiben lassen möchte. Das ist oft gar nicht so leicht.

# DAS WILL ICH HABEN

Jetzt sind Sie dran. Erstellen Sie eine Liste mit allem,
was für Sie unbedingt zum Leben dazugehört
(mit allen Dingen, von denen Sie auch nur zu träumen wagen).

Das sind Ihre ganz persönlichen Mitmach-Seiten. Hören Sie gut in sich hinein, bevor Sie mit dem Schreiben beginnen. Auf den Seiten 17/18 finden Sie noch einige Anregungen für das Ausfüllen der Seiten.

Und jetzt kommt noch eine Liste, die genauso wichtig ist.
Nämlich eine Liste der Dinge, die Sie im Leben eigentlich nicht
mehr brauchen, die es aber dennoch derzeit bestimmen.

(eine große Reise, eine Expedition auf einen Berg, eine Patenschaft
für ein Kind, einen Baum, ein gutes Projekt)

# BIN ICH SCHÖN?

Es ist schwer zu sagen, ob man lieber sich oder lieber anderen gefallen möchte. Wie wir uns kleiden, zurechtmachen, wie viel Wert wir auf gesundes und sportliches Aussehen legen – all das hat nicht nur mit dem eigenen Geschmack zu tun. Schließlich sehen einen vor allem die anderen. Oft lassen wir uns von den Vorstellungen unserer Partner oder dem Freundeskreis, von Vorgaben der Mode, der Medien oder der Gesellschaft leiten. Völlig unabhängig vom Urteil anderer fühlt sich wohl keiner, und bestimmt würden nur wenige Menschen glaubhaft von sich behaupten, es sei ihnen egal, wie sie aussehen.

## KOMMT SCHÖNHEIT DOCH VON AUSSEN?

Zumal wir in Zeiten leben, in denen nahezu jedes Körperteil ins Visier genommen und daraufhin überprüft wird, ob es schön genug ist oder noch optimiert werden kann. Mit Selbstdisziplin und knurrendem Magen zum Beispiel oder mit Sport, mit entsprechender Kleidung und Schminktechniken. Mit Kamera-Apps, die die Augen vergrößern, das Gesicht schlanker machen und die Haut weichzeichnen können. Oder auch – mit dem entsprechenden Mut zur Veränderung und Vertrauen in die Medizin – durch radikalere Umgestaltung des eigenen Körpers.

Man muss sich nicht mehr damit abfinden, welches Modell Ohren, Oberschenkel oder Schneidezähne man bei der Verteilung der Körperteile erwischt hat. Inzwischen hat jeder Mensch, zumindest theoretisch, die Möglichkeit, etwas an seiner äußeren Form zu optimieren, sei es durch Disziplin, durch „raffinierte Tricks" oder eben drastischere Eingriffe.

## IM INTERNET SIND ALLE SCHÖN

Auf allen Kanälen springen uns attraktive Menschen mit Vorschlägen entgegen, wie man vermeintliche Schönheitsfehler an sich ausmerzen oder das bereits Vorhandene einigermaßen vorzeigbar herrichten kann: Es gibt kein Schönheitsproblem mehr, für das es nicht ein wirksames Tool oder YouTube-Tutorial gäbe. Die sogenannten Frauenzeitschriften rufen auf zu neuen Frühjahrs- oder Herbstdiäten und machen klare Ansagen, welches die Farbe der kommenden Jahreszeit sein wird. Die Werbung vermittelt ein recht eindeutiges Bild davon, wie Menschen auszusehen haben, die beliebt und erfolgreich sind.

Inzwischen ist es normal geworden ist, sich in allen Lebenslagen selbst zu fotografieren und die Bilder öffentlich zu machen. Es geht dabei nicht nur darum, zu dokumentieren, was man tut. Ebenso wichtig ist, wie man dabei aussieht. Man ist nicht mehr einfach nur auf irgendwelchen Schnappschüssen zu sehen, sondern präsentiert sich schön hergerichtet und in wirkungsvoller Pose. Permanent schön gestylte Menschen zu sehen oder von ihnen umgeben zu sein – das macht etwas mit den Ansprüchen an das eigene Äußere. Da hilft es auch nicht viel, sich die Leute ungeschminkt und in Schlabberklamotten vorzustellen.

## ICH GEFALLE MIR SO, WIE ICH BIN

Da zieht doch schon wieder der Hund an der Leine (siehe Seite 38)! Orientieren wir uns da mit unseren Ansprüchen nicht an etwas, was eher ein Idealbild als eine Realität ist? Will man sich mit so etwas überhaupt aufhalten? Sollten wir also nicht lieber gleich Freundschaft schließen mit der Realität? Zumal die, wenn man ohne den Wunsch nach Perfektion hinschaut, ein ziemlich gutes Bild abgibt? Schließlich ist sie doch das, was gerade ist. Alles andere ist gedacht, eingebildet, vorgestellt und hat nichts mit dem Leben, dem eigenen Körper und dem eigenen Gesicht zu tun. Und wenn man ehrlich ist, dann stehen Äußerlichkeiten nur bedingt in einem kausalen Zusammenhang mit Erfolgserlebnissen im Leben:

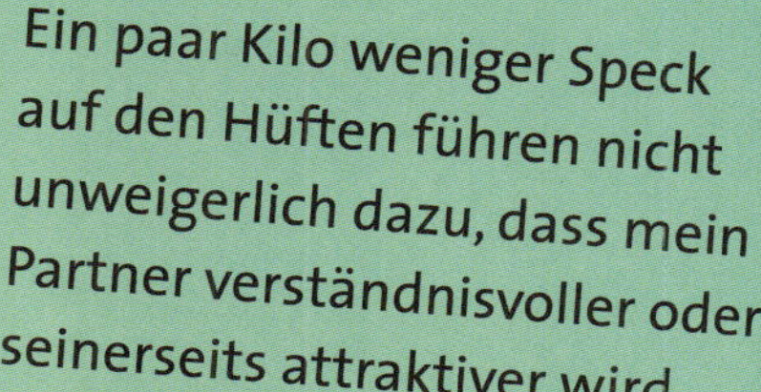

Ein paar Kilo weniger Speck auf den Hüften führen nicht unweigerlich dazu, dass mein Partner verständnisvoller oder seinerseits attraktiver wird.

Perfekt abgestimmte Garderobe ist im Beruf bestimmt nicht hinderlich, aber sie verhindert nicht, dass mir Fehler passieren oder ich auch mal doof gefunden werde.

Idealmaße und makellose Haut sind eine feine Sache, nutzen aber nichts, wenn es mir an Sensibilität und Herzensbildung mangelt.

Ganz platt: Schön geschminkte Augen können nicht besser sehen, eine gerade Nase kann nicht besser riechen, und „gemachte Lippen" können mit Sicherheit nicht besser küssen.

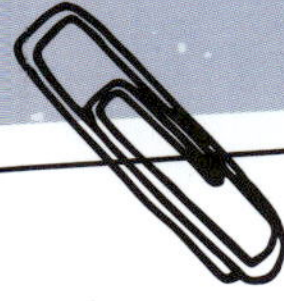



**Statt den Bauch einzuziehen und sich nach jeder Mahlzeit in den Speck zu kneifen:** Atmen Sie lieber tief und entspannt und geben Sie dem Körper frische Luft. Lassen Sie die Bauchmuskeln los und versorgen Sie sich mit Sauerstoff. Das hebt die Schultern und verbessert die Haltung. Da sieht man gleich ganz anders aus.

**Das Gleiche gilt für gut gekleidete Menschen:** Wenn man genau hinschaut, gibt es davon nicht viele. Die meisten haben ganz normale Sachen an, die bequem und praktisch sind. Das Geheimnis: Alles, was entspannt, selbstbewusst und mit einem Lächeln getragen wird, sieht auch gut aus.

**Halten Sie nach Menschen in Ihrer Umgebung Ausschau, die Ihnen gefallen.** Finden Sie heraus, was genau Sie an diesen Menschen anspricht. Höchstwahrscheinlich sind es nicht in erster Linie die reine Haut oder die muskulösen Arme. Wahrscheinlich fallen Ihnen eher Personen mit einer starken, positiven Ausstrahlung und mit freundlichem Blick ins Auge. Der Rest ist dann gar nicht mehr so wichtig.

**Hören Sie auf, sich von zu engen Kleidungsstücken tyrannisieren zu lassen:** Was zu eng ist, fliegt raus. Weder sollten Sie regelmäßig bedauernd auf einen engen Rock schauen, der schon länger nicht mehr passt, noch ist es ratsam, sich hineinzuzwängen und sich von dem kneifenden Bund den Tag verderben zu lassen.

**Stellen Sie das Vergleichen ein:** Selbst wenn es Menschen in Ihrer Umgebung gibt, die die schöneren Gesichtszüge, glänzendere Haare und die bessere Figur erwischt haben, sind diese Menschen nicht Sie. Die Person, die Sie sind, gibt es nur einmal auf der Welt – und zwar mitsamt Falten, Hüftspeck oder O-Beinen. Sie vergeuden nur kostbare Lebenszeit, wenn Sie sich ständig wünschen, dass ein Teil von Ihnen anders wäre.

**Doppelkinn, schiefe Zähne, Hakennase?** Verschwenden Sie Ihre Zeit auch nicht mit Grübeleien über vermeintliche Schönheitsfehler. Alles, was zu Ihnen gehört, ist richtig so, wie es ist. Konzentrieren Sie sich stattdessen auf die schönen Details an sich. Am Ende des Kapitels ist Platz für eine ganze Liste davon.

**Der ultimative Trick für ein schönes Gesicht?** Das Grübeln einstellen, freundlich in den Spiegel bzw. in die Welt schauen und vor allem: lächeln. Lächeln vertreibt Stirnfalten, hebt sämtliche Muskeln im Gesicht und sorgt obendrein für gute Stimmung – was wissenschaftlich erwiesen ist!

# DAS IST **SCHÖN** AN MIR

Jetzt braucht es etwas Mut und freundlichen Größenwahn.
Strahlen Sie sich im Spiegel an und sehen Sie sich mit den Augen eines anderen.

## WAS GEFÄLLT IHNEN RICHTIG GUT AN IHREM ÄUSSEREN?

Zählen Sie alles auf, was Ihnen einfällt. Dazu gehören auch
dekorative Lachfalten, charmante Zahnlücken und hübsche Zehennägel.
Machen Sie sich einfach mal ungeniert Komplimente.

Da nicht nur die äußeren Werte zählen,
ist hier auch noch Platz für all Ihre guten Eigenschaften:

## WAS MÖGEN SIE AN IHREM CHARAKTER?

# ANGEKRATZTE SCHÖNHEIT: DIE KUNSTFORM „KINTSUGI"

Ach nö – so ein Pech! Beim Abwasch fällt der Kartoffelstampfer im Seifenwasser so unglücklich auf die Lieblings-Müslischüssel, dass ihr anschließend eine Ecke fehlt. Die selbst getöpferte Vase wurde schließlich doch vom Regal gefegt, als die Kinder ausnahmsweise im Wohnzimmer Fangen spielen durften. Oder man fischt die griechische Keramik aus dem Kunsthandwerksladen leider doch zerbrochen aus dem Koffer. Eine unglückliche Bewegung – und ein geliebtes Stück ist unwiederbringlich futsch.

## DIE SCHÖNHEIT DER UNVOLLKOMMENHEIT

Die Enttäuschung verdauen, das gute Stück kurz beweinen und weg damit wäre eine Lösung. Eine andere ist, die Scherben einzusammeln und das geliebte Teil wieder zusammenzusetzen, um es in seiner neuen Form zu bewahren und in Ehren zu halten. Das geht in den seltensten Fällen so, dass die Reparatur nicht auffällt – und aus genau dieser Tatsache entwickelten die Anhänger des „Kintsugi" eine Kunstform.

Kintsugi ist eine traditionelle Form der Keramikreparatur aus Japan. Es bedeutet wörtlich „goldenes Flickwerk". Dahinter steht die Idee, die Scherben eines zerbrochenen Stücks mit sogenanntem Japanlack wieder zusammenzufügen und dabei entstehende Fugen mit einem Goldlack zu überziehen oder kleine Teile ganz damit zu ersetzen. Es handelt sich dabei um einen natürlichen Lack, der aus dem Wundsaft des tatsächlich so genannten japanischen Lackbaums gewonnen wird. Durch diese Technik werden die feinen Fugen nach dem Kleben nicht nur optisch deutlich sichtbar gemacht, sondern sogar zu etwas ganz Besonderem erhoben. Sie fallen nun nicht mehr unangenehm auf, sondern werden Teil der neuen Ästhetik des geretteten Stücks. Dank des Lacks ist das reparierte Geschirr, wenn es gut durchgetrocknet ist, so stabil wie vorher und kann wieder benutzt werden.

Fast scheint es, als liefe da ein feines Netz von goldenen Flüssen und Bächlein über den zerbrochenen Teller oder die angeschlagene Teetasse. Sie verzweigen sich hier und treffen sich dort wieder. Aus dem vermeintlichen Makel wird ein besonderer Schmuck, aus dem zerbrochenen Stück wird ein Kunstwerk.

Erfunden wurde diese Technik bereits im 15. Jahrhundert. Es heißt, damals sei irgendeinem japanischen Kaiser oder sonst einem wichtigen Befehlshaber eine Tasse kaputtgegangen, und darüber sei er untröstlich gewesen. Fieberhaft versuchten die Gefolgsleute, sie möglichst ohne sichtbare Spuren wieder zusammenzusetzen, das gelang ihnen aber nicht. Sogar zu einem chinesischen Spezialisten wurde das Tässchen geschickt, aber das Ergebnis gefiel dem Kaiser nicht – zu deutlich waren da Fugen und Risse zu sehen, es fehlten kleine Partikel, und die Oberfläche war nicht mehr glatt.

So machte man aus der Not eine Tugend, ersann eine neue Technik und verstärkte den Effekt der Fugen mit goldener Farbe. Eben noch war das Kaputte der Makel an der Tasse, nun wurde gerade das Unperfekte zum Kunstvollen erhoben – und gleichzeitig zu etwas besonders Schönem. Der Kaiser war begeistert.

DEN GRÖSSTEN
FEHLER, DEN MAN
IM LEBEN MACHEN
KANN, IST, IMMER
ANGST ZU HABEN,
EINEN FEHLER
ZU MACHEN.

Dietrich Bonhoeffer

### UND WENN WIR SELBST MAL EINEN SPRUNG HABEN?

Schönheit ist eben nicht gleich Perfektion. Ohne ihre speziellen Risse hätten es Teller und Tassen mit Kintsugi-Technik nicht ins Museum geschafft, wo sie heute für die besondere Technik und eben jenen genialen Einfall bewundert werden. Wahrscheinlich wären sie einfach in irgendeinem Schrank verstaubt und schließlich entsorgt worden. Das Besondere an diesen goldgeäderten Geschirrteilen ist, dass sie nicht mehr vollständig sind und ihre ursprüngliche Form verloren haben – und dass man ihnen diesen Schaden ansehen darf und er nicht versteckt wird. Und anstatt im Schrank zu verstauben oder im Mülleimer zu landen, sind sie weiterhin in Gebrauch und erfüllen wunderbar ihren Zweck.

Auch wir Menschen sammeln mit der Zeit verschiedene Risse und Sprünge an, und wenn es ganz schlimm kommt, müssen auch wir gekittet werden. Man sieht uns an, dass wir unser Leben nicht immer geschützt und gemütlich in einer Vitrine verbringen.

**WIR MACHEN FEHLER, WIR IRREN UNS, UND UNSERE OBERFLÄCHE IST BEILEIBE NICHT MAKELLOS.**

## SCHERBEN BRINGEN VIELLEICHT DOCH GLÜCK

Die Kintsugi-Technik lehrt uns auch im übertragenen Sinne etwas über die Schönheit des Nicht-Perfekten. Sie zeigt uns, dass wir uns nach einem Irrtum, einem Missgeschick oder auch nach einem Schicksalsschlag wieder neu zusammensetzen können. Wir wären nicht die, die wir sind, wenn uns im Leben immer alles gelingen und um uns herum immer eine perfekte Ordnung herrschen würde.

# MEINE RISSE UND SCHRAMMEN

Das sind Ihre ganz persönlichen Mitmach-Seiten. Hören Sie gut in sich hinein, bevor Sie mit dem Schreiben beginnen. Auf den Seiten 17/18 finden Sie noch einige Anregungen für das Ausfüllen der Seiten.

# GIBT ES RÜCKSCHLÄGE UND SCHLECHTE ERLEBNISSE, AUF DIE SIE IM NACHHINEIN NICHT VERZICHTEN WOLLEN?

# WIE FINDEN MICH DIE ANDEREN?

Das Leben könnte wunderbar sein – und völlig reibungslos funktionieren, **wären da nicht die anderen.** Ohne sie geht es nicht, so viel ist klar. Denn ohne sie keine Beziehung, keine Familie, keine Firma und keine Disko. Aber auszuhalten sind sie an manchen Tagen nur, wenn man spezielle Techniken beherrscht, um sie wegzuatmen: Nur selten richten sie sich genau nach den eigenen Vorstellungen, sie ärgern einen, sie wissen es oft besser, und manchmal benehmen sie sich auch richtig daneben. Seltsam eigentlich, dass wir es ihnen trotzdem permanent recht machen wollen und uns ihr Urteil so wichtig ist.

Es gibt Tage, an denen muss man sich wahrlich nicht darin üben, weniger perfekt zu sein – viel eher klafft an solchen Tagen eine Riesenlücke zwischen dem Idealzustand und der Realität. Alles läuft so unrund, dass man sich vom Vollkommenen sehr weit entfernt fühlt. Gerade für Perfektionisten sind solche Tage eine Riesenherausforderung. In weite Ferne rücken die Gedanken um irgendwelche Wohnungsdeko-Fragen oder das ultimative Restaurant für den Abend zu zweit – heute geht es nur darum auszuhalten, was alles schiefgelaufen ist. Und das wäre:

✽ Nach einer unruhigen Nacht mit völlig rätselhaften Träumen hat man zu lange gesnoozt und muss nun überstürzt und ohne Frühstück los. Die Wohnung sieht aus, als wären die Bewohner unter dramatischen Umständen von Aliens entführt worden. Da greifen alle gut gemeinten Aufräumtipps nicht mehr, und Marie Kondo kennt eben meine Mitbewohner hier nicht.

✽ Der Arbeitstag beginnt nicht gut, nämlich mit einem nur mäßig freundlichen Hinweis einer Kollegin, der man ansieht, dass sie ihren Ärger nur mit Mühe unterdrücken kann. Man möge das, was man da gestern gemacht hat, in der Form bitte nicht wieder tun (hier kann man ein beliebiges Vergehen aus verschiedenen Berufsfeldern einsetzen, zum Beispiel Vergessen, Nicht-Informieren, Unachtsamkeit, Übergehen). Das fände sie etwas schwierig, aber bitte nicht böse sein! Oder anders gesagt: Man wird in einer Form kritisiert und beurteilt, dass man befürchten muss, deshalb wieder nicht gut zu schlafen.

✽ Man wünscht sich, sagen zu können, diese Kollegin täte auch so einiges nicht oder zu viel (bitte auch nicht böse sein!), sieht aber keine Möglichkeit, dies auszudrücken, ohne dass es nach plumper Retourkutsche klingt. Und ganz insgeheim kann man ihren Kritikpunkt irgendwie auch nachvollziehen, was so ziemlich das Schlimmste an der Sache ist. Also schweigt man.

✽ Natürlich schweigt man nicht ganz, sondern erzählt das Ärgernis einer weiteren Kollegin, und zwar der nächstbesten, die des Weges kommt. Wobei man im Laufe des Gesprächs merkt, dass die erstens nicht so richtig kapiert, worum es geht und warum einen das gerade Erlebte so beschäftigt, und dass zweitens grimmiges Lästern nicht wirklich hilft. Eigentlich macht es die Stimmung nur noch schlechter. Aber jetzt ist es halt schon passiert.

✽ Das Mittagessen will nicht richtig schmecken, mit Ärger im Kopf und vielleicht auch im Bauch. Also genehmigt man sich in der Kantine nach einer fettigen Mahlzeit noch einen Nachtisch, mit der Hoffnung auf ein wenig Trost und Zuspruch. Die kann einem ein Grießpudding mit Himbeeren aber nicht geben, weil er zu doof dazu ist. Auch ein Kaffee mit einer dritten Kollegin hilft nicht weiter, zumal die Gute in Eile ist und keine Zeit hat, sich auch noch die Geschichte von heute Morgen anzuhören.

✱ Zurück am Arbeitsplatz ist man sich nicht ganz sicher, glaubt aber zu erkennen, dass zwei weitere Kolleginnen einen Blick wechseln, nur kurz, vielleicht auch nicht. Jedenfalls reicht das, um neue Gedankenschleifen in Gang zu setzen, während man auf den Bildschirm, ins Mikroskop oder aus dem Fenster starrt. Was da in den E-Mails zu entdecken ist, taugt auch nicht für einen angenehmen Nachmittag, und so vergeht dieser nur mit Mühe. Als ob das Seelenheil davon abhinge, checkt man nun viel zu oft die privaten Nachrichten, aber leider steht in keiner von denen ganz ausdrücklich „Du bist toll." Komisch eigentlich.

✱ Zu Hause gibt es Knatsch, wie könnte es anders sein, erstens weil man schlechte Laune hat, zweitens wegen des oben beschriebenen Zustands der Wohnung. Es stellen sich Fragen, zum Beispiel, wer den zu verantworten hat, warum dieses oder jenes Ding sich nicht an seinem angestammten Ort befindet bzw. warum bestimmte Dinge zwar am richtigen Platz, aber nicht sauber genug sind.

Oder warum von diesem oder jenem Nahrungsmittel nicht mehr genug vorrätig ist. Jeder Handgriff gibt Anlass zu Diskussionen. Und wieso telefoniert der zwischendurch dauernd und warum SO LAUT?

✱ Ausgerechnet heute ist noch Training/Probe/Literaturzirkel, sodass man schlecht gelaunt und dazu noch zerstritten abdampft. Wer hat eigentlich jemals behauptet, dass Sport/Singen/Lesen eine entspannende Sache sei? Mit so vielen Gedanken und Unzufriedenheit im Kopf macht noch nicht einmal das Spaß. Eigentlich kann man schon froh sein, wenn man heute Abend nicht weiter komisch auffällt. Am liebsten würde man dort noch einmal von dem ganzen Kummer und Zorn des Tages berichten. Aber dann würden die Damen aus dem Sopran zischeln (obwohl die sich ruhig mal an die eigene Nase packen könnten) oder der Trainer würde streng gucken, und eigentlich wollten wir doch über Madame Bovary sprechen.

## ES WIRD SIE IMMER GEBEN, SOLCHE TAGE

Wenn man nicht vorhat, sein ganzes Leben einer fernöstlichen Achtsamkeits-Praxis zu widmen oder gar demnächst ins Kloster zu ziehen, um dort das Wahrnehmen und Vorüberziehen der Gedanken und Gefühle zur Perfektion zu bringen, werden solche Tage immer mal wieder stattfinden. Mal ehrlich: Die kennt doch eigentlich jeder – und genauso weiß im Grunde auch jeder, dass sich das Blatt auch wieder wenden und die Welt dann wieder ganz anders aussehen wird. Leider erinnert man sich in den entsprechenden Momenten nicht immer daran … Also: Wenn Sie merken, dass Sie in einen solchen Tag hineingeraten sind, dann gilt es, ihn auszuhalten. Und das geht! Ist nicht schön, aber es geht. Genauso, wie man einen völlig verregneten Juli aushält oder einen umfangreichen Einkauf in einem großen Möbelhaus am Samstag mitsamt anschließendem Aufbau eines Etagenbetts. Der Ärger kommt und der Ärger geht. Frust regt sich und er ebbt auch wieder ab. Genauso wie Freude abhandenkommt und irgendwann wieder da ist. Wenn der Ärger – auf sich selbst und/oder auf andere – aber ge-rade ganz laut tönt, dann gibt es einige kleine Tricks und Kniffe, damit umzugehen:

**❉ Sacken lassen:** Auch wenn es schwerfällt, sollte man bei akutem Groll nicht unmittelbar und wahllos in seinem Umfeld nach Bestätigung suchen. Die anderen kennen weder die Vorgeschichte noch den exakten Tathergang des Ärgernisses. Lieber ein wenig abwarten, bis sich der Zorn gelegt hat, und dann in Ruhe Rat und Trost bei anderen suchen.

**❉ Fokus auf sich selbst:** Das bedeutet nicht, dass man sich nicht um die eigene Außenwirkung kümmern soll. Wer sich jedoch zu viel mit der Meinung anderer über sich selbst beschäftigt und bei wieder anderen Zuspruch und Bestätigung sucht, vergisst etwas Wichtiges: Es gibt einen Menschen, auf dessen Urteil er auch etwas geben sollte – nämlich sich selbst.

**❉ Aufschreiben:** Eine gute Methode, Ärger auf sich selbst und andere loszu-werden, ist, sich Notizen zu machen. So kann man im Moment des Ärgers ohne Rücksicht auf andere alles aufschreiben, was einen zornig macht. Manchem hilft es, als symbolische Handlung den Zettel

anschließend zu verbrennen. Oder Sie heben ihn auf und lesen ihn in ein paar Wochen, wenn die Wut längst verraucht ist, schmunzelnd noch einmal.

**✻ Versöhnen:** Wenn es zu Hause Streit gab, versuchen Sie, nicht ohne Versöhnung auseinander- oder schlafen zu gehen. Telefonate nicht grußlos beenden, und wenn es doch passiert, die Verabschiedung nachholen. Ein Blick in die Augen, ein Händedruck, und schon ist man sich wieder näher, und die Sorgen wiegen nicht mehr so schwer.

**✻ Durchatmen:** Auf den Rücken legen und tief in den Bauch atmen, dabei eine Hand knapp über, eine knapp unter den Bauchnabel legen. Sich nur auf die Atmung und die Bewegung der Hände konzentrieren und dabei die Atemzüge zählen. Wenn man es schafft, bis zehn zu kommen, ohne mit den Gedanken abzuschweifen (was viel schwerer ist als es sich anhört), wieder von vorne anfangen.

**✻ Sich eine Freude machen:** geduscht, duftend eingecremt und in Wollsocken und Bademantel aufs Sofa, sich je nach Geschmack und Laune eine Tasse Tee oder ein Glas Wein gönnen und den Partner um eine Nackenmassage bitten. Früh ins Bett oder so viele Folgen einer Serie gucken, wie man mag, und gaaaanz lange aufbleiben – einfach das tun, wonach einem gerade am meisten ist.

**✻ Positiv denken:** Morgen ist wieder ein neuer Tag, an dem man sich neu begegnen kann. Wenn ein wenig Zeit vergangen ist und das Mütchen sich abgekühlt hat, fühlt sich ein Ärgernis oft schon von ganz alleine weniger schwer an.

Akzeptieren Sie es einfach, und zwar mit einem breiten Lächeln: Auch dieser missglückte, anstrengende, absolut nicht vorzeigbare Tag ist Teil Ihres Lebens. Ihm etwas Positives abgewinnen zu wollen, wäre wohl übertrieben, aber er gehört dazu wie alle anderen. So wie auch alle mehr oder weniger schwierigen Menschen dazugehören.

ES LEBT SICH SEHR VIEL LEICHTER, WENN MAN DIE EXISTENZ DIESER NICHT ÜBERTRIEBEN GELIEBTEN TAGE UND MENSCHEN AKZEPTIERT. SIE AKZEPTIEREN UNS JA AUCH.

# GIBT ES **SOLCHE TAGE** AUCH BEI IHNEN?

Hier ist Platz für sie! Notieren Sie alles, was Ihnen dazu einfällt.
Gibt es im Nachhinein auch amüsante Aspekte dabei?
Erschien Ihnen in dem Moment etwas schlimm und gravierend,
was sich später als ganz unbedeutend herausgestellt hat?

# DAS GLÜCK
# DER ANDEREN

Oft scheint es so, als würden die anderen es alle ein wenig besser haben als man selbst. Gut, die Nachbarin braucht ein neues Hüftgelenk. Aber ob das so schlimm ist wie mein festsitzender Husten, der seit Wochen nicht weggehen will? Während man in Gedanken damit beschäftigt ist, zu vergleichen und abzuwägen, verpasst man, das eigene Leben zu leben und zu genießen. Zu viel wertvolle Zeit vergeht mit Wünschen und Sehnen.

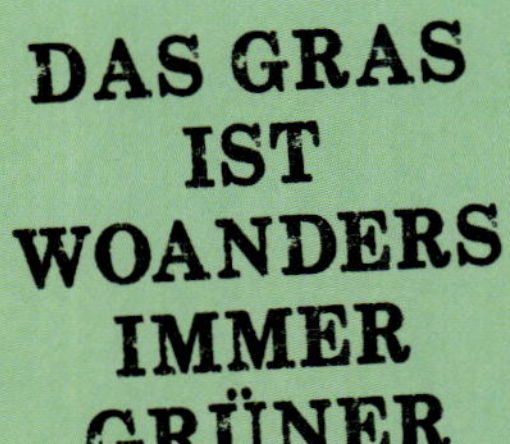

## DAS GRAS IST WOANDERS IMMER GRÜNER

**Vielleicht sind Ihnen die folgenden Gedanken auch schon einmal begegnet, insbesondere dann, wenn es gerade nicht so gut läuft, Sie schlechte Laune haben oder sich unter Druck fühlen.**

## „Ob es nicht noch besser geht?"

Kaum sitzt man – im ICE, im Konzert, im Hotelzimmer –, da kommen auch schon die Zweifel: Sind wir hier nicht zu nah am Klo? Ob der Platz gegenüber wohl ein bisschen ruhiger und bequemer ist? Und ist die Akustik da drüben vielleicht besser? Haben die auf der dritten Etage womöglich weichere Betten und den direkteren Meerblick? **Vor lauter Grübeln und vergleichendem Bedauern vergehen die schöne Zugfahrt, das Konzert, der Urlaub. Erst hinterher realisiert man, dass man gar nicht so richtig da war – und dann ist es zu spät.**

## „Die machen es sich schön einfach!"

Das altbekannte Lied: Während man selbst ständig das Gefühl hat, sich abzurackern und zu plagen, scheint bei den anderen irgendwie alles immer ganz leicht und mühelos zu laufen. Seien es die Kollegen, die Nachbarn oder die eigenen Freunde: Keine Ahnung, wie die das immer hinkriegen, schon wieder in den Urlaub zu fahren oder schon wieder nicht bei einem lästigen Termin zu erscheinen. Ob die anderen es wirklich leichter haben, kann man zwar nicht beurteilen, aber verglichen mit den eigenen Mühen scheint es auf jeden Fall so. **Und das liegt vielleicht einfach daran, dass diese anderen sich nicht so viele Gedanken machen und öfter mal „Ach, egal!" sagen.**

## „Deins sieht aber auch gut aus!“

Sehr beliebter Ausruf nach dem Kleiderkauf, beim Essen im Restaurant, nach der Hochzeit. Und darin steckt die Sorge: Habe ich jetzt die beste Wahl getroffen oder wäre es noch besser gegangen? Hätte ich vielleicht doch die Jacke mit Kapuze nehmen sollen? Und wieso habe ich mich für die vegane Gemüsepfanne entschieden anstatt für den Grillteller? Immer hat man hinterher das Gefühl, dass die anderen die schlauere Wahl getroffen und das bessere Stück erwischt haben. **So entsteht ganz viel Raum für Bedauern, Beneiden, Weg- und Herbeiwünschen – und schon wieder ist das Leben anstrengend.**

## „Hätte ich doch nur ...“

**Besonders viel Bedauern kann man produzieren, wenn man bereits getroffene Lebensentscheidungen immer wieder anzweifelt:** Da ist man nun mit viel Mühe und Ellbogen Business Consultant geworden und fragt sich aber immer wieder, ob nicht der Klempner, der Sozialpädagoge oder die Bäckereiverkäuferin die schöneren Berufe haben. Weil sie so richtig nützliche Sachen machen und nicht den ganzen Tag auf Excel-Listen schauen müssen. Oder: Da hat man nun drei wunderbare Kinder, aber dafür keine Karriere (oder umgekehrt). Ob man nicht einfach alles von Anfang an hätte anders machen sollen?

Sie ahnen es schon: Es gibt ein Gegenmittel gegen zu viel Schielen auf das, was die anderen haben, tun oder besser machen: „Ach, egal!" Lenken Sie Ihren Blick einfach beständig auf das, was ist:

**✳ WAS SIE GERNHABEN**

**✳ WORÜBER SIE SICH FREUEN**

**✳ WAS SIE ERREICHT HABEN**

**✳ WORAUF SIE STOLZ SIND**

Lassen Sie einen Vergleich mit anderen gar nicht erst zu. Schätzen Sie stattdessen wert, was Sie haben. Und pfeifen Sie auf den besseren Platz, die unfehlbarere Entscheidung, das noch schönere Zimmer. Gehen Sie lieber gleich mal runter zum Strand. Denn bald geht die Sonne unter, und gerade sind die Wellen besonders schön ...

# DIE BLICKE DER ANDEREN

Es gibt in jeder Stadt diese Viertel, in denen sich vor allem eine bestimmte Sorte Damen zum Shoppen und anschließendem Cappuccino in der Vormittagssonne tummelt. Sie sind sich allesamt in ihrer gepflegten Individualität sehr ähnlich. Von Uniform zu sprechen, wäre vielleicht etwas respektlos, aber sie gleichen sich schon auf frappierende Weise.

# ES GIBT SIE DOCH, DIE PERFEKTEN LEUTE

Alle tragen sie ähnliche Gewänder von schlichter Eleganz, schmale Mäntel und geschmackvolle Schals in zurückhaltenden Farben. Sie bevorzugen die Materialien Kaschmir, Leinen und Seide. Passend dazu Handtaschen mit den einschlägigen Logos darauf und dicken Portemonnaies darin. All das steht ihnen deshalb so gut, weil sie ihre Körper mithilfe ausgearbeiteter Diät- und Sportpläne schlank und fit halten. Sie haben wunderbar gepflegte und dezent lackierte Fingernägel, die sie noch nicht einmal im Nagelstudio aufkleben lassen, sondern die natürlich gewachsen sind und eigenhändig gefeilt werden. Auch die Frisuren verraten die Herkunft dieser Damen: Sie leuchten in den vorteilhaftesten Strähnchenfarben und sitzen so perfekt, dass sie mit einer einzigen geübten Kopfbewegung von ihrer Trägerin in Form geschüttelt werden können. Der Teint ist makellos durch sanfte Grundierungen und edle Puder. Mit geschickt aufgetragenem Lidschatten und Rouge gelingt es ihnen spielend, ein paar Jahre jünger auszusehen – oder zumindest nicht älter als sie sind. Sie tragen seit 20 Jahren den gleichen teuren Duft, und ihre Schuhe sind niemals ausgetreten.

Man begegnet ihnen zum Beispiel an der Wurst- und Käsetheke des etwas besseren Supermarkts, wo sie mit Kennermiene den ältesten Parmesan und die besten luftgetrockneten Sorten Salami und Schinken auswählen. Wobei sie den Verkäufern beim Abwiegen kritisch auf die Finger schauen. Wahrscheinlich haben sie zu Hause eine dieser Küchen mit einem großen Arbeitsblock in der Mitte, auf dem man einen Ochsen schlachten und zubereiten könnte.

Neben solchen Damen reiht man sich nun also leicht verschämt in der Thekenschlange ein. Man hat sich am Samstagvormittag in Strickjacke und Turnschuhen möglichst unauffällig unter die Leute gemischt, denn schließlich hat auch das gemeine Volk einen Wochenendeinkauf zu bestreiten. Das ungute Gefühl macht sich breit, dass man den Damen unangenehm auffallen könnte: Darf ich überhaupt hier sein oder gehört denen der Laden? Vielleicht passt es ihnen nicht, wenn man sich hier in einem Outfit bewegt, das sie noch nicht einmal bei der Gartenarbeit tragen würden. Kommt da vielleicht gleich die Frage: Wie siehst du denn aus? Was machst du hier? Und wer bist du überhaupt?

Oder muss ich befürchten, dass mir der freundliche Verkäufer hinter der Theke gleich sagen wird, dass das so überhaupt nicht geht und Waren nur an ähnlich geschmackvoll gekleidete und dezent blondierte Mitmenschen ausgegeben werden?

## GLEICHES RECHT FÜR ALLE

Keineswegs. Sie händigen einem ohne zu zögern das Gewünschte aus und wünschen einem noch einen schönen Tag. Und wenn man sie anlächelt, lächeln sie zurück! Das Gleiche gilt für die schönen Damen. Sie gucken gar nicht hin und erledigen ganz wacker ihren Einkauf. Vor allem kümmern sie sich ansonsten um sich selbst: grübeln über ihre Sorgen, machen ihre Pläne, freuen sich auf einen Urlaub. Fragen sich, ob sie okay sind oder ob es noch besser ginge. Sie sind sich nicht sicher, ob sie vorhin einen Fehler gemacht haben. Sie befürchten, dass sie heute zu pampig zu ihrem Ehemann waren. Sie sind sich nicht sicher, ob sie heute noch schaffen werden, was sie sich alles vorgenommen haben.

SO WIE
WIR ALLE EBEN.

GIBT ES TAGE, AN DENEN SIE GLAUBEN, DASS ALLE SIE ANSCHAUEN, WEIL ETWAS MIT IHNEN NICHT STIMMT?

..................................................................................
..................................................................................
..................................................................................
..................................................................................
..................................................................................

WAS WÜRDE PASSIEREN, WENN SIE UNGESCHMINKT, VERSTRUBBELT UND IM SCHLAFANZUG LOSZIEHEN WÜRDEN?

..................................................................................
..................................................................................
..................................................................................
..................................................................................
..................................................................................
..................................................................................

# DIESE WOCHE SCHON …?



☐ EINEN UNANGENEHMEN ANRUF IGNORIERT

☐ NICHT ZUM SPORT GEGANGEN UND STATTDESSEN DIE AUSSICHT VOM BALKON GENOSSEN

☐ EINMAL AUSGESCHLAFEN

☐ RICHTIG FRÜH DAS LICHT AUSGEMACHT

☐ IN EIN FETTNÄPFCHEN GETRETEN

☐ ...........................................................

☐ ___________________________

# BESCHEID WISSEN

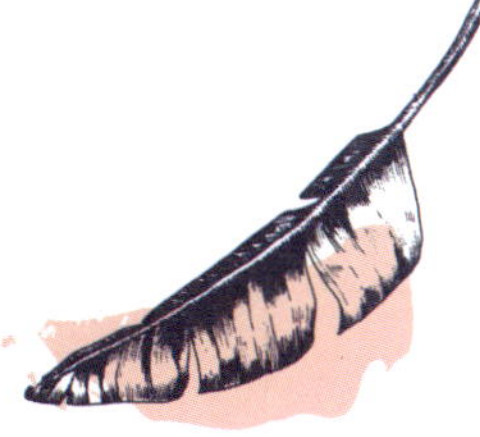

Situationen, in denen man ein schlaues Gesicht macht, obwohl man gerade nur Bahnhof versteht, kennen wir alle. Schließlich sind wir zur Schule gegangen, und zwar unglücklicherweise zu einer Zeit, in der wir uns für alles andere mehr interessiert haben als für tiefergehende Kenntnisse in Mathematik und Erdkunde. Wer kennt es nicht, das Gefühl, dass man gerade ganz woanders ist mit seinen Gedanken, wenn man plötzlich vom Erdkundelehrer mit der Frage gestört wird, was denn der Unterschied zwischen Tundra und Steppe sei.

Es fallen einem erst mal nur Banalitäten ein wie „… sehr weit weg?" oder „… liegt in Russland?", und selbst da ist man sich nicht ganz sicher. Das findet der Erdkundelehrer unfassbar albern, während die Mitschüler angesichts der öden Unterrichtssituation dankbar kichern. Der Lehrer ruft den nächsten Schüler auf, nicht ohne seine Missbilligung zum Ausdruck gebracht zu haben und ein wenig mahnend zu gucken. Man selbst wendet sich einem Gespräch mit der Banknachbarin zu oder versinkt erneut in Träumereien über den total süßen Jungen aus der Parallelklasse. Und was ist jetzt der Unterschied zwischen Tundra und Steppe? Mir doch egal.

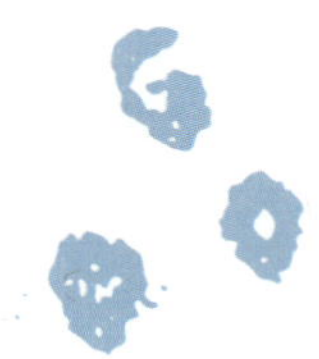

Leider liegen diese Zeiten weit zurück. Inzwischen erwachsen, mögen wir es gar nicht, auf eine Frage keine Antwort parat zu haben. Im Gegensatz zu früher finden wir es auch nicht mehr sonderlich lässig, über etwas nicht Bescheid zu wissen. Vielmehr ist es peinlich, wenn man nicht mitgekriegt hat, dass irgendwo eine Horde von internationalen Politikern mehrere Tage lang zu einem brandaktuellen Thema konferiert, dass ein Impfmittel gegen Haarausfall erfunden wurde oder dass Helene Fischer sich ein Bein gebrochen hat. Ganz zu schweigen von Terroranschlägen und Naturkatastrophen. Wir wollen möglichst immer alles wissen und auf dem neuesten Stand sein. Die Medien spielen das Spiel mit und treiben es voran, indem sie immer schneller – und leider auch oft ungenauer – berichten.

## WAS ICH NICHT WEISS, WIRD GEGOOGELT

Aus genau diesem Grund bleibt keine Frage mehr lange offen. Früher konnte man sich tagelang mit einem Rätsel martern, zum Beispiel, wer den Tuberkel entdeckt hat oder wie dieser kleine freche Schauspieler heißt, der in „Das Boot" einen Offizier gespielt hat, oder wer 1982 Finanzminister war, all so was. Heute lässt sich dank Google mit etwas Geschick nahezu jede offene Frage sofort beantworten. Wem kurz entfallen sein sollte, in welchem Jahr die Mondlandung war, der kann das mit dem Smartphone schnell und an jedem Ort klären.

Man trifft heute auf der Straße kaum noch Leute, die nach dem Weg fragen oder wissen möchten, wo man hier in der Nähe gut essen kann. Sie scheinen auszusterben, die ratsuchenden Mitmenschen, die ihre Aktivitäten nicht von verschiedenen Apps regeln lassen. Immer mehr Menschen sind digital für jede Lebenslage und alle Eventualitäten ausgestattet. Darum braucht kaum noch einer ein lebendiges Gegenüber für einen Rat. Ist ja auch kein schönes Gefühl: zuzugeben, dass man gerade nicht weiß, wo's langgeht. Nach außen tun wir lieber so, als wüssten wir genau Bescheid, geben uns perfekt informiert und niemals um eine Antwort verlegen.

## ALLES ZU WISSEN IST ANSTRENGEND

Perfektionisten wissen viel, denn sie schauen gerne etwas nach und merken es sich auch. Wenn sie verreisen, kennen sie das beste Hotel. Wenn sie sich auf die Autobahn begeben, wissen sie, wo der Stau gerade am längsten ist. Bevor sie etwas unternehmen, informieren sie sich über alle Möglichkeiten. Schade eigentlich, denn so hat Freund Zufall keine Chance, mit ins Spiel zu kommen. Und anstrengend ist es noch dazu, weil man so viel mit Planungen und Nachlesen beschäftigt ist. Außerdem mühsam, wenn man andere beständig informieren, wenn nicht gar belehren und korrigieren muss, weil man ja so gut Bescheid weiß.

## EINER MUSS HIER DOCH DIE DUMMEN FRAGEN STELLEN

Wie groß sind aber die Erleichterung und gleichsam das Erstaunen in dem Moment, wenn man sich doch mal traut, eine ganz besonders unbedarfte Frage zu stellen. Denn es muss nichts heißen, dass alle dem Lehrer, der Pfarrerin, der Reiseleiterin oder diesem Seminarfuzzi zuhören und dabei eifrig nicken. Meistens ist man nämlich nicht der Einzige, der gerade nur Bahnhof versteht oder die zentrale Information verpasst hat. Schließlich gibt man sich einen Ruck und fragt, ob jetzt das da drüben die Niagarafälle sind oder dieses Rinnsal hier. Ob man da was falsch verstanden hat? Und plötzlich wird die ganze Gruppe munter: großes Hallo und Erleichterung! Alle freuen sich über die Auflösung und können nun mit dem Gerede des Mannes da vorne wieder etwas anfangen.

Machen Sie sich also keine Sorgen, wenn Sie etwas nicht wissen, nicht mitbekommen haben oder nicht kapieren. Den anderen geht es genauso!

OUTEN SIE SICH RUHIG ALS UNWISSEND, DENN DAS FINDEN DIE MEISTEN VIEL BESSER, ALS VON VERMEINTLICHEN BESCHEID- WISSERN UMGEBEN ZU SEIN.

# MÖGLICHST VIEL HERAUSFINDEN

Nehmen Sie sich vor, in der nächsten Zeit bei jeder sich bietenden Gelegenheit nachzufragen, wenn Ihnen etwas nicht ganz klar ist.

**LIEGT LIECHTENSTEIN IN EUROPA?**

**WAS HEISST DAS EIGENTLICH: MITTELALTER?**

**WO GEHT'S HIER ZUM BAHNHOF?**

**HAT DIE SOMMERZEIT SCHON ANGEFANGEN?**

**WIE HEISST DU NOCH MAL?**

**HABEN SCHAFE HÖRNER?**

Legen Sie die Scheu ab, es könnte eine zu banale Frage dabei sein. Sie werden eher die Erfahrung machen, dass das Gegenüber die Antwort auch nicht weiß.

# UM HILFE BITTEN

Es gibt unzählige Situationen, in denen das Leben so viel leichter wäre, wenn wir uns nicht scheuen würden, unsere Mitmenschen um Hilfe zu bitten. Wie viel Zeit und Energie könnte man sparen, wenn man die unverbesserliche Cousine einen Kuchen zur Kaffeetafel beisteuern ließe, wenn man bei den irgendwie geizig wirkenden Nachbarn ein paar Eier leihen könnte oder wenn man bei einer Renovierung die Freunde fragen würde, ob sie Lust haben, einen Tag mitzumalern.

Die meisten von uns finden das schwierig, aus Angst, die Bitte könnte nicht gut ankommen. Man könnte ungelegen kommen und nerven, jemand könnte sich etwas Unfreundliches dabei denken, man könnte als unvollkommen dastehen. All diese Befürchtungen begleiten uns, wenn wir nicht den Mund aufmachen und stattdessen weiterlächeln, während wir innerlich gerade in die Knie gehen.

Aber wie kommt es eigentlich, dass wir uns in diese Richtung entwickelt haben? Für uns als Kinder war es doch selbstverständlich und lebensnotwendig, zu bitten und zu fragen. Wir konnten es eben noch nicht alleine, und wir wollten dazulernen. Es stecken also in der Regel nicht unbedingt schlechte Erfahrungen, die wir im Erwachsenenalter mit vermeintlicher Hilflosigkeit gemacht haben, hinter unserer Scheu. Vielen von uns wurde einfach mit der Erziehung mitgegeben, dass man besser dasteht, wenn man für sich alleine kämpft. Die meisten haben doch wahrscheinlich eher in Erinnerung, dass man gelobt wurde, wenn man etwas „ganz alleine" geschafft und nicht, wenn man sich Hilfe geholt hat. Ermutigung war ja auch gut und richtig, denn so lange wir heranwachsen, müssen wir ja lernen, immer mehr allein zu können.

Somit fühlen wir uns auch als Erwachsene besser, wenn wir die Kaffeetafel alleine wuppen, wenn wir nicht zugeben, dass wir die Eier vergessen haben, obwohl wir Pfannkuchen machen wollten, und dass man sich mit drei Zimmern samt Decken und Türen zu viel für ein Wochenende vorgenommen hat. Leider beißen wir in solchen Fällen oft die Zähne zusammen und halten durch, anstatt uns Unterstützung zu holen.

# PROBIEREN SIE MAL, „SCHWACH" ZU SEIN!

Und so lenken uns Befürchtungen wie: Wer sich im Erwachsenenleben noch nicht abgewöhnt hat, um Hilfe zu bitten, der kann was nicht. Wer andere fragen muss, der hat etwas nicht bedacht oder seine Kräfte überschätzt. Oder schlimmer noch: Dem ist etwas zu viel, und jetzt macht er es sich schön einfach. Vor allem im Berufsleben haben wir uns mit der Zeit daran gewöhnt, dass Stärke und Unverwundbarkeit erwartet werden. Vermeintliche Kinderallüren sind da nicht mehr gefragt. Die Jobdefinition per se enthält schon: Effizienz, Durchhaltevermögen und Strukturiertheit. Unsere Vorstellungen von Kompetenz bei der Arbeit passen nicht dazu, zuzugeben, dass man gerade nicht weiterweiß oder sich übernommen hat.



## 1 ES SCHADET AUCH IM JOB NICHT, SICH „SCHWACH" ZU ZEIGEN

Wer um Hilfe bittet, zeigt, dass er etwas nicht kann oder schafft, zumindest nicht ganz alleine. Die Sorge dabei ist, dass man sich den Kollegen oder Vorgesetzten als unsicher und nicht kompetent offenbart. In Wahrheit hat eine Frage oder Bitte aber meist einen anderen Effekt: Die Gegenseite freut sich darüber, denn sie fühlt sich geschmeichelt und kann sich von ihrer großzügigen Seite zeigen. Der Kollege freut sich, dass er gebraucht wird, und die Chefin fühlt sich in ihrer Rolle bestätigt.

## 2 WER BITTET, ZEIGT CHARAKTER

Und wer sagt überhaupt, dass es ein Zeichen von Schwäche sei, um Hilfe zu bitten? Um Hilfe bitten nämlich in Wirklichkeit vor allem Menschen, die sich ihrer selbst sicher sind. Die Ängstlichen schweigen eher und beißen die Zähne zusammen. Die Mutigen aber sind sich nicht zu schade, zuzugeben, dass sie gerade nicht weiterwissen oder etwas nicht verstehen. Wie schon an anderer Stelle erwähnt, ist es gut möglich, dass im Zuge Ihrer Offenheit auch andere aufatmen und froh sind, dass die Sache endlich geklärt wird.

## 3 FRAGEN UND HELFEN VERBINDET

Wer einmal eine Frage oder ein Problem gemeinsam geklärt hat, wird in Zukunft leichter zusammenarbeiten. Einander zu helfen bzw. sich helfen zu lassen, ist der Teambildung äußerst zuträglich, sei es bei der Arbeit oder in der Nachbarschaft. Nach dem Prinzip „eine Hand wäscht die andere" wird sich der andere von nun an auch gerne an Sie wenden.

Nehmen Sie sich vor, in der nächsten Zeit einmal einen Nachbarn, eine Freundin oder einen Kollegen um Hilfe zu bitten.

VIELLEICHT BRAUCHEN SIE EIN PAAR STARKE ARME BEIM UMSTELLEN VON MÖBELN.

LEIHEN SIE SICH BEI DER NACHBARIN EIN EI ODER EIN TÄSSCHEN MEHL.

SIE MÖCHTEN ETWAS AUFBAUEN, SAUBERMACHEN ODER TRANSPORTIEREN. WER KANN SIE UNTERSTÜTZEN?

SIE HABEN EIN NEUES ELEKTRONISCHES GERÄT UND KOMMEN MIT DER BEDIENUNG IRGENDWIE NICHT KLAR. ES GIBT DOCH SICHER JEMANDEN IN IHREM BEKANNTENKREIS, DER TECHNIKAFFINER IST ALS SIE.

SIE VERZWEIFELN ÜBER EINER EXCEL-LISTE IM BÜRO? LASSEN SIE SICH VON EINEM KOLLEGEN/EINER KOLLEGIN HELFEN. ZU ZWEIT IST'S IMMER EINFACHER!

**Kleiner Tipp am Rande:**

Der Ton macht die Musik. Seien Sie weder zu unterwürfig noch zu fordernd. „Danke" und „Bitte" zu sagen, gehört selbstverständlich dazu. Ohne diese beiden Zauberwörter geht gar nichts.

WIR
**DENKEN**
ZU VIEL
UND
**FÜHLEN**
ZU WENIG.

**Charlie Chaplin**

# VON KINDERN LERNEN

Kinder sind mit einem großen Projekt beschäftigt, das so manch einen von uns direkt vor Ehrfurcht erzittern ließe: Sie müssen ohne jede Vorbereitung und Checkliste das Leben erlernen, mit allem, was dazugehört. Wenn sie zur Welt kommen, funktioniert so gut wie nichts außer ihren Körperfunktionen. Für den Rest sind sie – abgesehen von dem, was die Natur von selbst auf den Weg bringt – auf gute Vorbilder angewiesen, die sie nicht nur versorgen und beschützen, sondern ihnen auch die Welt zeigen und erklären. Insofern haben Kinder überhaupt nicht die Wahl, ihre Mitmenschen zu schonen und sich Gedanken darüber zu machen, ob jemand vielleicht einen schlechten Eindruck von ihnen hat.

Kinder müssen nicht nur lernen, mit Messer und Gabel zu essen, ihr Mäppchen jeden Tag mit in die Schule zu nehmen und ob man Vogel mit V oder F schreibt. Noch wissen sie nicht genau, wie das geht: Freundschaften knüpfen, vertrauen, Interessen und Vorlieben entwickeln, Spaß haben und Sorgen bis auf Weiteres verschieben.

Wenn sich Kinder in diesem Lernprozess gut unterstützt fühlen, vergeuden sie nicht viel Zeit damit, ihre Ergebnisse anzuzweifeln, zu stöhnen, welch ein großer Berg noch vor ihnen liegt, oder sich ewig über etwas zu ärgern, was nicht klappt. Das Geheimnis ihres Erfolgs liegt wohl darin, dass sie im Grunde vor allem auf der Suche nach etwas sind, was ihnen Freude macht. Ohne sich groß nach dem Sinn zu fragen, befinden sie sich auf der Suche nach sich selbst. Wenn sie sich gut versorgt fühlen, ergibt sich der Rest dann schon von ganz allein.

# MEINE **BESTE** KINDEREIGENSCHAFT

Erinnern Sie sich an Ihre Kindheit und die Person, die Sie damals waren.

## WELCHE EIGENSCHAFT VON DAMALS WÜRDEN SIE SICH ZURÜCKWÜNSCHEN?

Warum ist diese Ihnen wohl abhandengekommen?

## KINDER SIND GUTE VORBILDER

Wer die Gelegenheit hat, mit Kindern zusammen zu sein und ihnen dabei zuzuschauen, wie sie ihren Tag meistern, der tut gut daran, sich ein wenig von ihnen abzugucken:

❋ Kinder haben kein Problem damit, sich trottelhaft und ungeschickt zu benehmen. Ständig fällt etwas runter, rollt etwas weg, geht etwas verloren, kippt ein Glas um oder legt man sich selbst auf die Nase. Das gehört zu einem gelungenen Kindertag wie die Gute-Nacht-Geschichte zum Einschlafen. Da sie es nicht anders gewohnt sind, verlieren Kinder auch keine Zeit damit, jeden Lapsus zu kommentieren, zu rechtfertigen oder zu relativieren. Sie stehen einfach wieder auf und machen weiter.

❋ Kinder sind meistens nicht besonders ordentlich und legen keinen Wert auf einwandfreie Ergebnisse. Wenn sie zu sprechen beginnen, kümmern sie sich nicht um korrekte Grammatik, wenn sie erste Geschichten schreiben, sind Rechtschreibfehler egal. Wenn beim Basteln eine Ecke zu viel abgeschnitten oder ein Feld falsch ausgemalt wird, gehört das eben zum Werk dazu. Sie lassen sich von kleinen Schönheitsfehlern nicht entmutigen, sondern integrieren sie in ihr Werk.

❋ Kinder fordern, bitten und wünschen sich Dinge, weil sie gar keine andere Wahl haben. Wenn sie etwas brauchen, scheuen sie sich nicht, das zur Not auch vehement zum Ausdruck zu bringen. Sie befürchten nicht, Schwäche zu zeigen, wenn sie um Hilfe bitten. Sie haben dabei einfach ihr Ding im Auge. Sie wünschen drauflos, maßlos, auch wenn durchaus nicht alle Wünsche in Erfüllung gehen. Ohne Wünsche kommt man eben nicht weit.

❋ Kinder loben und preisen sich und ihre Werke. Sie haben auch kein Problem damit zu sagen: „Guck mal, wie schön ich das gemacht habe!" oder „Guck mal, wie gut ich das schon kann!" Sie haben eigentlich gar keine andere Wahl – denn sie brauchen Rückmeldung und Bestätigung, um erfolgreich weitermachen zu können.

❋ Kinder haben keine Probleme damit, einen Fehler, den sie gemacht haben, einzusehen, sofern er ihnen einleuchtend erklärt wird. Ebenso sind sie in der Lage, eine Entschuldigung ohne groß zu zögern anzunehmen. Eine Entschuldigung macht es nämlich leicht, gemeinsam mit dem Spiel fortzufahren, das bis zu diesem blöden kleinen Streit so viel Spaß gemacht hat.

* Kinder bringen ihre Gefühle und ihren Unmut unmittelbar und ohne größere Sorge um ihr Gegenüber zum Ausdruck. Einmal kurz zu weinen, weil man sich den Kopf gestoßen oder der beste Kumpel einen geärgert hat, ist keine Schmach und schnell vergessen, wenn der Ball auf dem Schulhof wieder rollt und man noch mit einer Träne im Augenwinkel die nächste Torchance wittert.

* Das Erleben im Moment ist für Kinder eine Selbstverständlichkeit. Wenn ein Spiel Spaß macht, spielt man es so lange, bis man genug davon hat. Es gibt keinen Plan, wie lange man etwas betreiben möchte und wann genau man fertig zu sein gedenkt. Bemerkt man mitten in einem Spiel, dass es langweilig geworden ist, wendet man sich eben etwas anderem zu.

Beileibe nicht jedes Kind ist sorgenfrei, und im Rückblick ist nicht jede Kindheit ein Spielplatz, auf dem man nur auf der Suche nach dem größtmöglichen Spaß unterwegs war. Selbstverständlich erinnern wir uns auch an Rückschläge und Missgeschicke, an Kummer, an große Streits und Ungerechtigkeiten. Dennoch kann uns ein wenig Kindergeist im Alltag nicht schaden: weniger an den Missgeschicken haften, mehr am Erfreulichen erfreuen, Spaß und Spiel in den Mittelpunkt stellen und akzeptieren, dass man halt nicht alles kann.

# WIR MÜSSEN UNS NICHT BLIND VERSTEHEN

Eine weitverbreitete Fehlannahme unter Paaren ist, dass Menschen, die in einem Bett schlafen, gemeinsame Kinder haben, das Geld vom selben Konto abheben und die Weihnachtsbesuche zusammen absolvieren, jeweils genau voneinander wissen müssten, was der andere gerade denkt, fühlt, wünscht. So manch einer wäre sicher erstaunt, wenn er die geheimsten Wünsche des anderen erfahren würde und dabei realisieren müsste, wie weit dieser in manchen Dingen von dem abweicht, was man selbst gut findet oder gerne hätte.

## PERFEKTES MITEINANDER GIBT ES NICHT

Dabei ist die Notwendigkeit, dass jeder ein wenig Freiraum für sich und seine Eigenarten behält, kein Geheimnis – es sei denn, die persönliche Schrulle bestünde zum Beispiel darin, sich nicht mehr zu waschen oder in der Freizeit Drohbriefe an die Nachbarn zu schreiben. Jeder behält seins, und man trifft sich auf einem gemeinsamen Terrain, für das die Regeln miteinander ausgehandelt werden. Das kann ab und an zu kleinen Reibereien bis lautstarken Auseinandersetzungen führen, aber auch die gehören zu einer guten Beziehung.

Leider sehen viele Menschen Streits und Missverständnisse als Makel einer Beziehung an, anstatt sie einfach als selbstverständlich zu betrachten – genauso wie Haare waschen, Lebensmittel einkaufen, Kinder abholen und Steuererklärung machen. Es sind und bleiben nun mal zwei unterschiedliche Menschen, die sich da zusammengetan haben. Das bleibt bis zur Goldenen Hochzeit so. Bis zum letzten Tag gibt es da immer noch etwas neu zu verhandeln. Die Annahme, dass man sich blind verstehen muss, ohne sich auseinanderzusetzen, und dass etwas nicht stimmt, wenn es ab und zu Streit gibt, macht uns nur das Leben schwer.

Miteinander verhandeln muss man, und leichter geht das mit ein paar Regeln:

### 1. Sagen Sie, was Sie brauchen

Es ist Ihr Recht, zu sagen, was Sie sich wünschen und was Sie brauchen. Ob diesem Wunsch immer entsprochen werden kann, ist eine andere Frage. Dabei ist es egal, um was es gerade geht: Hilfe beim Schnippeln in der Küche, ein offenes Ohr nach einem blöden Tag oder ein paar Streicheleinheiten. Wenn Sie sich Blumen wünschen, dann äußern Sie es auch und erwarten nicht, dass Ihr Gegenüber Gedanken lesen kann. Vergessen Sie die Frage: „Warum muss ich dich darum überhaupt bitten?" Bitten Sie einfach.

### 2. Seien Sie bereit für ein Nein und freuen Sie sich über ein Ja

So wie es Ihr Recht ist, Wünsche zu äußern, ist es das Recht der anderen, diesem Wunsch nicht zu entsprechen, wenn er gerade ungelegen kommt. Seien Sie also bereit für ein Nein und akzeptieren es, ohne auf etwas zu bestehen. Kommt ein Ja, dann nehmen Sie es ohne Wenn und Aber und schlechtes Gewissen an. Aber vergessen Sie bloß nicht, sich zu bedanken!

### 3. Bleiben Sie bei Ihrem Wunsch

Wenn Sie eine Absage bekommen, der Wunsch sich deshalb aber nicht brav in Luft auflöst, dann müssen Sie den Wunsch deshalb nicht aufgeben. Vielleicht hört an diesem Abend dafür jemand anders zu oder geht mit Ihnen spazieren. Bei wichtigen Angelegenheiten gibt es vielleicht einen Weg, den Wunsch bei anderer Gelegenheit noch einmal vorzubringen.

## 1. Lassen Sie Ihr Gegenüber wissen, wie es Ihnen geht

Damit der/die andere weiß, ob Sie gerade enttäuscht, gestresst oder unternehmungslustig sind, sollten Sie Ihre Gefühle auch zeigen. Aber am besten nicht durch Schmollen und Türenknallen, sondern indem Sie einfach sagen, wie es ist. Häufig verwenden Menschen zu viel Zeit darauf, indirekte Signale zu versenden und auf eine Reaktion darauf zu warten, anstatt einfach zu sagen: „Jetzt hast du mich verletzt."

## 2. Ohne Zwang bitte

Man sollte bei Auseinandersetzungen oder Streit allerdings vermeiden, den anderen unter Druck zu setzen oder etwas erzwingen zu wollen. Denn wenn man beim anderen etwas erreicht, weil der gerade schlechte Stimmung vermeiden will oder nicht so recht weiß, wie er sich herausreden kann, wird sich der Unmut dafür ziemlich sicher an anderer Stelle Luft machen.

## 3. Sich richtig freuen!

Falls man sich erfolgreich einig wird, kann man die Freude darüber ruhig ausgiebig zum Ausdruck bringen, denn von positiver Energie und fröhlicher Stimmung kann man nie genug bekommen. Eine gute Entscheidung oder Einigung kann man miteinander feiern, zumindest indem man sich freut, aber vielleicht fallen Ihnen ja auch noch mehr Möglichkeiten ein.

### 1. Das Gleiche gilt für den anderen

Nicht nur Sie selbst sollten offen mit Ihren Gefühlen umgehen, das gilt genauso für Ihre Partnerin oder Ihren Partner. Verschwenden Sie keine Zeit damit, darüber zu grübeln, was diese/r wohl gerade will, denkt, tut, im Schilde führt. Fragen Sie einfach, was los ist. Wenn da Ärger oder Unzufriedenheit ist, sollten Sie das wissen. Offen ist damit viel leichter umzugehen, als wenn schwammige Andeutungen und ungestellte Fragen im Raum stehen bleiben.

### 2. Realistisch bleiben

Erwarten Sie kein hellseherisches Einfühlungsvermögen von Ihrem Gegenüber. Ebenso wenig müssen Sie immer wissen, was sich der/die Liebste in genau diesem Moment wünscht. Es braucht kein Aufopfern und auch keine übermäßige Dankbarkeit für eine gute Beziehung. Erzählen Sie einander, was Sie brauchen, verhandeln Sie. Perfektes Miteinander gibt es nicht. Mal bleibt man stur, mal gibt man nach. Oft muss man wieder und wieder reden, das ist dann eben so. Man muss üben, sich auszudrücken, sollte nicht zu viel erwarten und darf sich auch über kleine Erfolge freuen.

### 3. Eine Beziehung ist keine Vertragsgemeinschaft

Auch wenn beide Seiten gleiches Recht auf schlechte Laune, eigene Wünsche und Marotten haben, ist damit mal der eine und mal der andere dran. Sie führen ja eine Liebesbeziehung und keine Vertragsgemeinschaft.

# EIN KLARES NEIN KANN WUNDER WIRKEN

Ein beliebter Fehler unter Perfektionisten ist, eine Bitte nicht abschlagen zu wollen oder nicht auf einem eigenen Wunsch zu bestehen. Also kommt man mit, hilft aus, ändert den eigenen Plan – und macht dazu ein saures Gesicht, weil man das alles eigentlich gar nicht will. Machen Sie sich klar, dass die anderen nichts von Ihnen haben, wenn Sie nur ihnen zuliebe, um des lieben Friedens willen oder weil es halt so erwartet wird, dabei sind. Ein klares Nein ist da deutlich besser für alle Beteiligten.

# MEIN PERFEKTER HAUSHALT

**Der Sinn eines Haushalts** besteht doch eigentlich darin, dass die darin lebenden Menschen einen **warmen Ort** haben, an dem sie ihre Sachen aufbewahren, sich etwas zu essen machen und schlafen können. Er stellt sicher, dass die Kinder wissen, wohin sie nach der Schule zu gehen haben, und die Erwachsenen nach der Arbeit. Und dass man sich abends noch ein wenig in Jogginghose auf dem Sofa ausruhen kann. So die Theorie ... In der Praxis geht allerdings meistens viel zu viel Zeit dabei drauf, das Ding am Laufen zu halten.

# WIE SIEHT ES DENN HIER SCHON WIEDER AUS?

Sonnte man sich nicht gerade eben noch im Glanz der freien Flächen, schnupperte dem leichten Putzmittelgeruch nach und schaute stolz auf die abgestaubte, wohlgeordnete Schrankwand? Jetzt sind wie von Zauberhand schon wieder mitten am Tag die Betten nicht gemacht, steht Geschirr in der Spüle und vor allem: liegen jede Menge Dinge rum, die weder hier so richtig hingehören noch da. Sie haben – obwohl doch inzwischen in jedem Ratgeber steht, wie wichtig das für sie ist – immer noch kein Zuhause gefunden. Wahrscheinlich sind sie zu diesem Schattendasein ohne Stammplatz in der Wohnung verdammt, weil sie niemanden glücklich machen können.

Trotzdem bringen sich diese heimatlosen Dinge jeden Tag irgendwie ins Spiel, weil man sie dringend braucht: Stoffbeutel, Notizzettel, Quittungen, Briefe vom Amt und eine Ansichtskarte aus der Kur von Tante Rita, eine echt informative Infobroschüre, die man irgendwann auch ganz sicher lesen wird, ein herausgerissener Zeitungsartikel (dito), Mütze, Schal, Handschuhe, Sporttasche, Lesebrille, Muckeldecke. Es braucht keine Pizzaschachteln und überquellenden Aschenbecher für eine verlotterte Wohnung – ein, zwei Tage normales Leben reichen völlig aus, um ein blitzblankes Zuhause wieder in seinen chaotischen Urzustand zurückzuverwandeln.

## NACH DEM AUFRÄUMEN IST VOR DEM AUFRÄUMEN

Aufräumen ist keine Sache, die man einmal ausgiebig erledigt wie die Steuererklärung und vor der man dann ein Jahr Ruhe hat. Kaum hat man alles an Ort und Stelle gebracht, liegt doch schon wieder was rum. Gerade eben war noch alles wunderbar: Die Schubladen gingen wieder zu, keine Socke zipfelte aus dem Schrank, und nichts lag herum. Aber dann mussten die Haare onduliert, Schuhe geputzt, Pailletten angenäht und der Mantel ausgebürstet werden, weil abends halt Filmfestspiele waren. Also liegt nach einer hektischen Ankleideorgie wieder alles Mögliche rum. Sehr schnell ist wieder der Zustand erreicht, von dem man sich nach dem Aufräumen sicher war, dass er nie wieder eintreten würde.

## DAS GLEICHE GILT FÜR DAS PUTZEN

Gerade gesaugt und gewischt, da läuft schon wieder der Hund durch die Wohnung. Selbst wenn man gar keinen Hund hat! Kaum ist nach der Mahlzeit das Geschirr gespült, kommt schon wieder ein kleiner Hunger samt krümeligen Keksen oder verschmierten Brotmessern, und das Ganze geht von vorne los. Irgendwas ist immer, was den gerade hergestellten geschniegelten Zustand wieder in Unordnung bringt. In unserem Fall sehr wirkungsvoll: Oskar, der Nachbarsjunge von oben, der gerne vorbeikommt und nachschaut, ob's was zu essen gibt, und sich dann im Rest der Wohnung umsieht nach etwas, was ihm sonst noch zur Ablenkung dienen könnte. Seit ich ihn kenne, kann ich die kritische Einstellung junger Mütter zu Aufräumbüchern besser verstehen. Im Grunde kann man nach dem Putzen höchstens einige wenige Stunden den vollkommenen Zustand genießen. Oftmals auch weniger, weil man dabei meistens Appetit auf zum Beispiel ein Käsebrot bekommt. Das Leben geht auf seine Weise unerbittlich immer weiter.

Schade eigentlich, denn im Grunde sieht unsere Wohnung sehr schön aus. Sie ist geschmackvoll und individuell eingerichtet, es hängt hübsche Kunst an den Wänden. Sie ist gemütlich und zweckmäßig gleichermaßen. Sie hat das Zeug zur perfekten Wohnung! Wären da nicht:

* der Zustand der Küche nach dem Essen

* der Zustand des Schreibtischs nach dem Arbeiten

* der Zustand des Sofas nach dem Fernsehen/ Lesen/Lümmeln/ Stricken

* der Zustand des Betts nach dem Schlafen

Merken Sie was? Eigentlich kann eine Wohnung so gut wie nie in einem perfekten Zustand sein, denn wo gelebt wird, da entsteht auch Unordnung. Das Leben selbst ist Unordnung, und die Wohnung permanent in einem „Schöner Wohnen"-Zustand halten zu wollen, ist ein irrsinniger Kraftaufwand und mit regelmäßigen Tiefschlägen verbunden. Besser ist es, wenn man das gleich einsieht und lernt, damit umzugehen.

# GEGEN PERFEKTIONISMUS IM HAUSHALT

**1 Das Ziel im Blick behalten**

Beim Führen eines Haushalts ist es wichtig, den Blick für das große Ganze nicht zu verlieren. Es passiert leicht, dass man sich im Scheuern von abgelegenen Winkeln verliert, dabei vergisst, auf die Uhr zu schauen, und dann sind zur Sportschau noch nicht mal die Betten gemacht und der Staubsauger steht noch herum. Klarer Fall von „übers Ziel hinausgeschossen". Machen Sie sich klar, dass nicht totale Ordnung und Sauberkeit das Ziel sein sollten. Vielmehr soll der Haushalt funktionieren, um Ihnen das Leben zu ermöglichen, das Sie leben möchten.

**2 Etappenziele**

Putzen ist eine heimtückische Sache, weil man erst beim Putzen einen Blick für den Schmutz entwickelt. Als hätte man nicht nur einen Lappen in der Hand, sondern plötzlich auch noch eine Spezialbrille auf, mit der jedes einzelne Staubkorn sichtbar wird. Darum ist es wichtig, sich auch mit dem Staub und Schmutz anzufreunden, der womöglich an der ein oder anderen winzigen Stelle trotz Putzen liegen bleibt. Steigert man sich zu sehr rein, lässt man sich permanent hinreißen, doch noch eine Runde mehr zu machen. Wenn man vorhat, später noch zum Salsakurs oder ins Kino zu gehen, sollte man vorher festlegen, was man schaffen will. Man sollte sich sowohl ein Ziel setzen (eine saubere Küche) als auch einen Zeitraum dafür einplanen (spätestens um 18 Uhr bin ich fertig). Mehr geht dann halt an diesem Tag nicht.

### Prioritäten setzen

Sollte sich gerade sehr viel auf der haushaltlichen
To-do-Liste angesammelt haben, hilft ein gefühls-
mäßiges Abwägen: Was davon darf heute keines-
falls gestrichen werden? Was muss heute noch
erledigt werden, damit ich mich wohlfühle und mit
diesem Tag noch was anfangen kann? Gestrichen
wird dann vielleicht das Aussortieren und Ein-
motten der Winterklamotten. Das Herausnehmen
und Aufhängen von gewaschener Kleidung aus der
Waschmaschine bleibt dagegen besser recht weit
oben auf der Liste stehen. Droht kein Schaden und
lockt ein gutes Buch, darf man so manche Haus-
haltspflicht auch mal ruhig noch einen Tag warten
lassen.

### Der Familie etwas zutrauen

Manch perfekte/r Hausfrau/-mann glaubt, dass es
die anderen generell nicht können. Darum laufen sie
hinterher, überprüfen, bessern nach. Sie lassen ihre
Partner nicht einkaufen, weil die immer das Falsche
mitbringen, und nicht waschen, weil sie einmal aus
Versehen die Wäsche verfärbt haben. Wenn aber das
Kind seinen Meerschweinchenstall selber ausmistet, der Mann grund-
sätzlich für den Einkauf zuständig ist und der Opa alles rund ums Auto
erledigt, sind schon mal ein paar Aufgaben verteilt. Schließlich stellt sich
die Frage, ob ein Leben lang immer alles zu 100 Prozent den eigenen Vorstellungen entsprechen muss oder ob man sich lieber ein Leben lang die
Arbeit teilt. Stellen Sie sich bloß mal vor, wie viel Lebenszeit Sie gewinnen,
wenn Sie nicht mehr alles selbst machen oder zumindest alles kontrollieren wollen.

# 5

**Eigene Maßstäbe setzen**

Auch in Haushaltsdingen neigen wir dazu, uns daran zu orientieren, wie es die anderen machen. Ständig stellen wir Vergleiche an: Wie oft schneiden die Nachbarn die Hecke? Wie oft wird bei den Freunden der Teppich gesaugt? Wer bäckt die höchsten Torten? Ist bei Schmitzens im Bad geputzt, und wenn ja, auch unter der Klobrille? Die Verteilung der Aufgaben kann ebenfalls Neid hervorrufen, wenn man den Herrn Nachbarn Samstagmorgen lässig-elegant gekleidet zum Wochenmarkt radeln sieht. Auch hier gilt: Ich setze meine Maßstäbe für mein Leben und tue, was ich kann. Die Maßstäbe der anderen interessieren mich nicht. Wenn es bei mir Samstagmorgen nur für den Gang zum Supermarkt in Jogginghosen reicht, dann ist das eben so. Aufräumen, damit der Besuch sich nicht erschreckt, darf man natürlich trotzdem.

# 6

**Alles zu seiner Zeit**

Engagement im Haushalt und ein vorzeigbarer Lebensstil sind keine festen Größen. So mag es zum Beispiel eine Zeit lang gelingen, sich biologisch, nachhaltig und ethisch einwandfrei zu ernähren. Aber irgendwann welken die provenzalischen Kräuter, die man zu Pesto stampfen wollte, dahin, und es bleibt aus Zeitmangel (oder weil man halt Lust drauf hat) zum Mittagessen nur die Dönerbude. Na und? Wer sich nicht vornimmt, immer alles vollkommen korrekt zu machen, spart sich viel Stress und schlechtes Gewissen. Das Gute ist ja: Morgen ist immer wieder ein neuer Tag mit ganz viel frischem Biogemüse.

**Blickwinkel verändern**

Man muss ja nicht gerade mit der Hand über den Augen über die Sockenberge im Wohnzimmer steigen oder mit zugehaltener Nase demonstrativ am Mülleimer vorbeistolzieren. Es hilft aber ganz ungemein, den Blick im übertragenen Sinn auf andere Dinge zu richten, anstatt zu überprüfen, ob zu Hause alles bis zur letzten Kleinigkeit am richtigen Platz steht, alle Flächen glänzen und die Vorräte bis zum nächsten Frühjahr reichen. Wir haben doch Wichtigeres zu tun, als irgendwelchen unbelebten Gegenständen zu einem Zuhause zu verhelfen. Wenn Sie dagegen etwas tun, was Ihnen wirklich am Herzen liegt, spielen Wollmäuse für eine Weile keine Rolle, und das ist auch gut so.

**Auch an dieser Stelle: Schulterzucken**

Eine ordentliche Wohnung ist toll, aber noch schöner ist ein Sonntag, an dem man die ganze Pracht wieder zunichtemacht, weil Gemütlichkeit angesagt ist. Die Zeit ist einfach zu schade, um den gerade zurechtgeputzten Zustand mit allen Mitteln festhalten zu wollen. Eine saubere Küche ist etwas Wunderbares, aber eine Küche, in der nicht gekocht wird, hat ihren Sinn verfehlt. Ein frisch gesaugtes Wohnzimmer ist klasse, aber wenn der Nachbarsjunge Oskar turnt, dann fliegen eben die Fetzen. Darum sollte man lieber gleich akzeptieren, dass die Unordnung schon wieder hinter der nächsten Ecke lauert – „Ach, egal!"

**Und selbstverständlich: Schulterklopfen**

Loben Sie sich und danken Sie sich für die Dinge, die Sie für Ihr eigenes Wohl und das Ihrer Lieben tun. Das muss gar nichts Weltbewegendes sein – dafür reichen schon eine Runde Staubsaugen, ein blitzblankes Bad, ein leckeres selbst gekochtes Essen. Aber auch der lästige Gang zur Post, das unangenehme Telefonat, das Überwindung gekostet hat, und der Großeinkauf im Samstagsgewimmel. Freuen Sie sich darüber, dass Sie gut für sich (und für andere) sorgen können.

# EXKURS:
## HILFE IM HAUSHALT

Perfektionisten neigen leider nicht nur dazu, alles blitzblank haben zu wollen. Sie sind zusätzlich der Ansicht, dass diese absolute und endgültige Blitzblankheit auch nur sie selbst gewährleisten können. Selbst nahestehende Familienmitglieder haben in ihren Augen selten genügend Kenntnis darüber, wie viele und welche Arbeitsschritte genau notwendig sind, damit man sich zu Hause richtig wohlfühlen kann. Die Möglichkeiten, perfektionistisch veranlagte Menschen bei der Hilfe im Haushalt zu enttäuschen, sind daher vielfältig.

## MAN KANN SO VIEL FALSCH MACHEN …

Da wird Wäsche falsch aufgehängt, nämlich so, dass sie nicht
faltenfrei trocknet. Es wird zwar Staub gesaugt, aber die Ecken,
die Spinnweben an der Decke, die Fußleisten und Simskanten
werden vernachlässigt. Es wird zwar feucht gewischt und im
Bad gewirkt, aber leider mit viel zu hohem Wasser- und Reini-
gungsmittelverbrauch. Viele Menschen können auch nicht richtig einkaufen, sprich, es ist nachher nicht das da, was bestellt
wurde, während man das, was in den Einkaufstaschen ins Haus
getragen wurde, im Leben nicht mehr wird verbrauchen können. Es wird aufgeräumt, aber leider ist nachher alles so gründ-
lich verräumt, dass kein Mensch mehr etwas wiederfindet.

Diese Liste kann beliebig verlängert werden. Gäste, so gern
man sie hat, machen ebenfalls viel falsch, wenn sie ihre Hilfe
anbieten. Sie tragen Dinge an den falschen Ort, setzen sich auf
den falschen Platz. Sie stellen die Spüle voll, weil sie die Spül-
maschine nicht einräumen dürfen. Und für die Blumen, die sie
mitbringen, muss man Vasen hervorkramen und später wieder
spülen, aber das ist ein anderes Thema.

Bezahltes Personal anzuheuern, ist für Perfektionisten genauso
wenig eine Lösung, denn gute Leute sind in ihren Augen eigentlich gar nicht zu finden. „Da mach ich es lieber selbst", hören wir
sie sagen und darüber seufzen, wie anstrengend das Leben ist.

# LINKS

## IST ÄHNLICH WIE RECHTS, NUR AUF DER ANDEREN SEITE.

Patrick Funk

Fußballer

Dabei haben Menschen, die im Haushalt mithelfen – vor allem die, die es freiwillig tun, – doch meist nur eines im Sinn: Sie wollen entlasten, ihren Teil beitragen, und wahrscheinlich machen sie ihre Sache in den meisten Fällen gar nicht so schlecht.

Im Haushalt Arbeiten zu delegieren und anderen etwas zuzutrauen, ist manchmal genauso schwer wie im Berufsleben. Korrekte Putz- und Aufräumtechniken sind etwas Schönes. Genauso toll ist es, wenn man sich beim Wäschesortieren nie vertut. Andererseits ist der Preis für die Haltung „Wenn man nicht alles selber macht ..." ziemlich hoch. Man ist nämlich permanent beschäftigt, während die anderen schon mal die Beine hochlegen. Gönnen Sie den anderen ihre Erfahrungen beim Waschen, Putzen und Einkaufen. Lassen Sie zu, dass ein paar Leute mehr in Ihrem Haushalt herumdilettieren, wenn der Lohn dafür ist, dass auch Sie mal als Erste aufs Sofa kommen.

# ES EINFACH MAL LASSEN

Diese Übung ist nur für Menschen, die zu viel Zeit mit Haushaltskram verbringen. Gönnen Sie sich mindestens eine Woche lang folgendes Kontrastprogramm:

Anstatt nach dem Nachhausekommen schnell ein wenig aufzuräumen, dürfen Sie eine halbe Stunde einen Roman/die Zeitung lesen.

Wäsche wird diese Woche nicht gebügelt, sondern einfach gefaltet. In der gesparten Zeit dürfen Sie puzzeln, Patiencen legen oder Löcher in die Luft starren.

Anstelle von Selbstgekochtem gibt es in dieser Woche mindestens einmal Essen aus der Konserve, der Tiefkühltruhe oder vom Lieferservice. Einfach mal machen und die gesparte Zeit sonst wie verjubeln.

Geputzt wird diese Woche nicht. Stattdessen dürfen Sie eine ganze CD/Schallplatte/Playlist anhören, während Sie einfach nur auf dem Sofa lümmeln.

Für Menschen, die dagegen zu wenig aufräumen und putzen, gibt es an dieser Stelle leider keine Übung. Da müssten Sie sich dann wohl ein anderes Buch suchen, und davon gibt es im Moment ja mehr als genug …

# UNORDNUNG AUS FERNOST: WABI-SABI

Schon mal gehört? Was klingt wie diese fürchterlich scharfe grüne Paste zum Sushi ist in Wahrheit ein Konzept zur Wahrnehmung von Schönheit. Wobei Sie mit der Sushi-Assoziation schon richtig lagen: Der Begriff kommt aus Japan. Er taucht in letzter Zeit verstärkt vor allem im Zusammenhang mit fernöstlichen Weisheiten und Meditationsanleitungen auf. Worum geht es da?

Bei Wabi-Sabi handelt es sich um ein zusammengesetztes Wort. Schon die möglichen Übersetzungen von Wabi und Sabi sind vielfältig und wohl der, haha, perfekte Beweis dafür, wie schwer das Japanische ins Deutsche zu übersetzen ist. Vielleicht ist der Begriff am ehesten zu verstehen, wenn man sich auf der einen Seite Wabi = Traurigkeit und auf der anderen Sabi = Vergänglichkeit vorstellt. Das hört sich trist an? Ein wenig schon. Es geht ja auch um Endlichkeit und die Erkenntnis, dass nichts so bleibt, wie es in diesem Moment wahrgenommen wird. Wabi-Sabi erhebt diesen Umstand zu einer Kunstform, über die sich lange meditieren lässt.

## JAPANISCHES RETRO UND VINTAGE

Sich mit dem Vergänglichen zu beschäftigen und in ihm eine besondere Schönheit zu sehen, ist nichts Neues und beschränkt sich nicht auf die fernöstliche Welt. Die gedankliche Verbindung zu Retro und Vintage liegt nah. Brillen, die wie alte Kassengestelle aussehen, sind hip. Jeans werden absichtlich zerschlissen und gebleicht, um einen gebrauchten Zustand vorzutäuschen. Blumentöpfe werden gleich mit Rissen und Wasserspuren geliefert, damit sie besser in die romantische Gartenlandschaft passen. Eigentlich ist unsere Mode- und Einrichtungswelt schon eine Weile voller Wabi-Sabi.

## DER GÄRTNERNDE MÖNCH

Zur Erläuterung von Wabi-Sabi wird gerne die Geschichte vom Zen-Mönch und seinem perfekten Garten erzählt. Er jätete Unkraut, bis keine störenden Hälmchen mehr in seinen Beeten zu sehen waren, er rechte das Laub auf der Wiese restlos und fegte die Wege fein säuberlich. Als er zum Schluss auf seinen Garten blickte, war er dennoch nicht zufrieden und wusste zunächst nicht, was ihn da störte. Erst als er an den Ästen eines Kirschbaums rüttelte, damit ein paar Blütenblätter auf die einwandfreie Wiese fielen, hatte er die Lösung gefunden. Mit einem kleinen Fehler in der Ordnung und einem Anzeichen von Bewegung und Veränderung in seinem Garten fand er, dass nun die Vollkommenheit erreicht sei.

Wabi-Sabi ist überall, und zwar meistens, ohne dass man an einem Ast rütteln muss: Wenn nach dem Putzen der Hund quer durchs Wohnzimmer läuft, wenn ich die Excel-Liste gerade fertig habe und sich herausstellt, dass neue Zahlen integriert werden müssen, wenn die Küche sauber ist, aber wieder Essen gekocht werden muss. Beispiele dafür gibt es unzählige. So lehrt uns Wabi-Sabi, das anzunehmen, was gerade ist. Nicht zu seufzen, wenn es wieder von vorne losgeht mit dem Aufräumen und der Arbeit, sondern das als den natürlichen Lauf der Dinge anzusehen.

Das Leben befindet sich in einem permanenten Wandel, und mit dem Ziel, etwas zur Perfektion zu bringen, würde man sich anmaßen, den Lauf der Dinge aufhalten zu können. Vollkommenheit anzustreben wäre so, als wolle man der Erde sagen, sie möge doch mal kurz aufhören sich zu drehen.

# DER JOB

Unsere Arbeitsplätze – das Büro, die Geschäftsstelle, die Redaktion, der Laden, die Schule, das Amt – bieten Perfektionisten ein prima Betätigungsfeld. **Permanent** kann man sich **verbessern, beweisen** und **um Anerkennung kämpfen.** Solange es gut läuft. Wenn nicht, kann man sich dort auch fürchterlich aufregen, schreckliche Sorgen machen und zu viel kriegen. Einerseits ist es schön, mit guter Leistung erfolgreich zu sein und etwas zu bewirken. Andererseits können **Leistungsdruck** und der **Zwang,** alles immer sofort und perfekt erledigen zu müssen, Menschen sogar krank machen. In keinem anderen Lebensbereich kommt die gute, aber auch die schlechte Seite des Perfektionismus so stark zum Tragen.

### 1 Das große Ganze sehen

Perfektionisten neigen manchmal dazu, den Überblick zu verlieren, da sie sich zu sehr in Details verlieren. So wird bis zuletzt an einem Text geschraubt oder an der Formatierung einer Excel-Liste gebastelt, werden E-Mails wieder und wieder gelesen, bevor sie abgeschickt werden. Es wird abgeklopft, festgezurrt und nachgehakt, um jede Eventualität auf dem Schirm zu haben. Um nicht zu viel Zeit auf Dinge zu verwenden, die später keinem mehr auffallen, ist es sinnvoll, ab und zu eine distanziertere Position einzunehmen und sich zu fragen, welches Ziel man erreichen will und was dafür absolut notwendig ist.

### 2 Prioritäten setzen

Gerade wenn man Gefahr läuft, sich zu sehr auf Zwischenschritte und unwichtige Details zu konzentrieren, ist es wichtig, zu klären, was gerade am dringlichsten ist. Dabei hilft oft ein Abwägen nach Gefühl: Was bedrängt Sie aktuell am meisten oder hindert Sie daran, sich aufs Wesentliche zu konzentrieren? Abarbeiten und weg damit, auch wenn es keinen Spaß macht. Vor allem und gerade dann, wenn man in Zeitnot geraten ist, ist es sinnvoll, ein halbes Stündchen zu investieren und eine Liste mit den wichtigsten anstehenden Aufgaben zu machen.

### 3  Den Kollegen etwas zutrauen

Eine komplexe Aufgabe kann nur von mehreren Kollegen zusammen erledigt werden – eine grundlegende Feststellung in der Arbeitspsychologie. Leider fällt es vielen schwer, das in der Praxis umzusetzen. Wenn ich mich selbst um alles kümmere, weiß ich, dass es gemacht ist! So muss ich nicht auf Rückmeldung warten und mich auf keine bösen Überraschungen gefasst machen. Das ist ab einem gewissen Arbeitsumfang allerdings nicht mehr machbar. Dann hilft nur noch, die anderen mit ins Boot zu holen und darauf zu vertrauen, dass die das auch hinkriegen.

### 4  Kleine Schritte akzeptieren

Wenn man viel erreichen will, sieht man am Beginn meist nicht den Ausgang des Projekts. Es braucht Geduld, sich dann auf Zwischenschritte zu konzentrieren und nicht gleich alles zu wollen. „Gut Ding will Weile haben", lautet nicht umsonst ein Sprichwort. Wer zu schnell ans Ziel will, verbraucht unnötige Kräfte, weil er nicht mit voller Konzentration und der nötigen Ruhe bei der Sache ist. Konzentrieren Sie sich auf den Schritt, den Sie gerade tun, und geben Sie Ihrem Werk genug Zeit, um zu gedeihen.

### 5  Keine Vergleiche anstellen

Die einen formatieren gerne unübersichtliche Zahlenkolonnen, die anderen formulieren lieber aus hingeschluderten Gedankenfragmenten gut lesbare Texte. Beides wird gebraucht, damit die Firma läuft, und beide Fähigkeiten sind gleichermaßen wichtig. Vergleiche, wer die verantwortungsvollere Aufgabe hat oder die wichtigere Rolle spielt, braucht es nicht. Verschwenden Sie Ihre Zeit nicht mit Überlegungen, wer in der Firma unentbehrlicher oder fleißiger ist. Viel sinnvoller ist es, sich auf die eigene Tätigkeit zu konzentrieren und wohlwollend auf die anderen zu blicken.

# Nicht am ZIEL wird der MENSCH groß, sondern auf dem WEG dorthin.

Ralph Waldo Emerson

**Fehler akzeptieren**

Wieder was gelernt! Es ist unwahrscheinlich, dass man einen einmal gemachten dicken Fehler in der gleichen Form wiederholt. Vielmehr wird man aus jeder Unachtsamkeit oder Fehlentscheidung klüger. In der Zukunft wird man in einer ähnlichen Situation mehr wissen und besonnener handeln. Fehler wirken wie Kinderkrankheiten: Hat man sie einmal durchgemacht, ist man mit einiger Sicherheit vor einer Wiederholung gefeit. Insofern sind sie äußerst nützlich, und man sollte ihnen mit Gleichmut begegnen.

**Kritik aushalten**

Häufiger Ursprung von Perfektionismus ist der Glaube, dass man mit einer mustergültig erledigten Aufgabe sicher davor ist, kritisiert zu werden: Wenn es mir nur gelingt, alles zu bedenken und einzubeziehen, alle Fehler und Lücken aufzuspüren und auszumerzen, dann wird man mich in Ruhe lassen. Sicher vor Kritik bin ich nur, wenn ich eine rundum vollkommene Leistung abliefere. Da aber jeder Kollege oder Chef die Dinge mit etwas anderen Augen sieht, inzwischen vielleicht neue Ideen dazu hat und „vollkommen" anders definiert, ist dieses Ziel selten zu erreichen.

**Um Hilfe bitten**

Wenn es mal nicht weitergeht, entweder weil Ihnen nichts mehr einfällt oder weil es schlichtweg zu viel wird, ist es keine Schande, Kollegen oder den Chef um Hilfe zu bitten. Im Gegenteil: Die freuen sich, wenn sie helfen können. Weil erstens eine Hand die andere wäscht und sich zweitens fast jeder wohlfühlt in der Rolle des Ratgebers oder Helfers. Drittens aber, und das ist hier das Wichtigste, sind die meisten Menschen wohlwollend anderen gegenüber. Darum sind sie gerne bereit, jemandem auszuhelfen, etwas zu erklären, ihm etwas abzunehmen oder einen Rat zu geben. Darum arbeiten wir ja im Team.

**Auch an dieser Stelle: Schulterzucken**

Zum Arbeiten, ob im Team oder alleine, gehört, dass ständig etwas nicht klappt, dass sich ein anderer ärgert oder etwas besser weiß. Ohne Risiko geht es nicht. Sich immer ein wenig mehr vorzunehmen als man glaubt, schaffen zu können – auch das bedeutet Fortschritt und Wandel. Rückschritte und Niederlagen gehören selbstverständlich dazu. Wenn man sich darin übt, ab und zu „Ach, egal!" zu sagen, heißt das nicht, dass man seine Arbeit nicht ernst nimmt. Es bedeutet nur, dass man akzeptiert, nicht unfehlbar zu sein und dass die anderen manchmal auch recht haben.

**Und selbstverständlich: Schulterklopfen**

Noch wichtiger als ein „Ach, egal!", wenn es gerade nicht so gut klappt, ist das „Yeah!", wenn es gut gelaufen ist. Danken Sie sich, wenn Sie etwas durchgehalten und geschafft haben. Loben Sie sich für Ihre Erfolge. Spielen Sie Szenen, in denen es für Sie gut gelaufen ist, ruhig in Gedanken noch einmal durch und prägen Sie sie sich innerlich gut ein, sodass Sie später auf die positive Erfahrung zurückgreifen können. Vielleicht machen Sie sich auch eine Notiz, wenn Ihnen etwas gelungen ist. Speichern Sie Ihre Erfolge für Zeiten, in denen Sie sich unsicher fühlen und Bestätigung von innen brauchen.

# POSITIVE GEDANKEN SAMMELN

Erinnern Sie sich noch an die Kärtchen aus dem ersten Teil des Buches (siehe Seite 15)? Wie wäre es, wenn Sie ein paar davon auch mit Bezug zu Ihrer Arbeit machen? Dafür bieten sich zum Beispiel folgende Sätze an:

# LASST UNS MEHR ZUSAMMEN MACHEN

Wie schon weiter oben erwähnt, hat die Wissenschaft festgestellt, dass komplexe Aufgaben nur in Teamarbeit zu bewerkstelligen sind. Diese Erkenntnis liegt zwar auf der Hand (einer allein schafft's halt nicht), aber seit einiger Zeit ist dieser Zusammenhang auch durch Zahlen und Experimente belegt. Teamarbeit bringt Menschen zusammen und macht die Arbeit interessant. Darum muss, wer erfolgreich sein will, auch teamfähig sein. In der Tatsache, dass man nicht alleine arbeitet, sondern sich auf andere verlassen und sich mit ihnen arrangieren muss, steckt allerdings auch immer wieder Stresspotenzial.

Im Team wird oft darum gerangelt, wer wie viel arbeitet, wer sich mehr oder weniger Mühe gibt, wer es sich womöglich zu einfach macht. Gerade Perfektionisten können ihren Teamkollegen schnell auf die Nerven gehen, wenn sie es allzu genau nehmen. Oder sie schaden sich selbst, weil sie den anderen nicht genügend vertrauen und sich daher permanent zu viel aufladen.

# SÄTZE, DIE WIR NIE MEHR HÖREN WOLLEN



Es kann vorkommen, dass man glaubt, als Einziger den richtigen Weg zu kennen und alles im Griff zu haben. Meistens ist das aber nicht der Fall und nur ein Ausdruck von Selbstüberschätzung und mangelndem Vertrauen in die Kollegen. Wenn Sie sich selbst öfter bei solchen Gedanken ertappen, sollten Sie dabei zwei Dinge bedenken: Erstens sprechen Sie Ihren Kollegen ihre Kompetenz ab, und zweitens überlasten Sie sich so auch systematisch selbst. Es ist kein Zeichen von Stärke, alles selbst schaffen zu wollen und keine Arbeit abzugeben.

**Dagegen hilft:** Trauen Sie anderen etwas zu und denken Sie dabei gleichzeitig an Ihren Gewinn. Bitten Sie um Hilfe, wenn es Ihnen zu viel wird, und delegieren Sie Aufgaben, falls Sie in der Position dazu sind. Genießen Sie den zeitlichen Freiraum und die neue Übersicht, wenn Sie es wagen, Verantwortung abzugeben und sich helfen zu lassen.

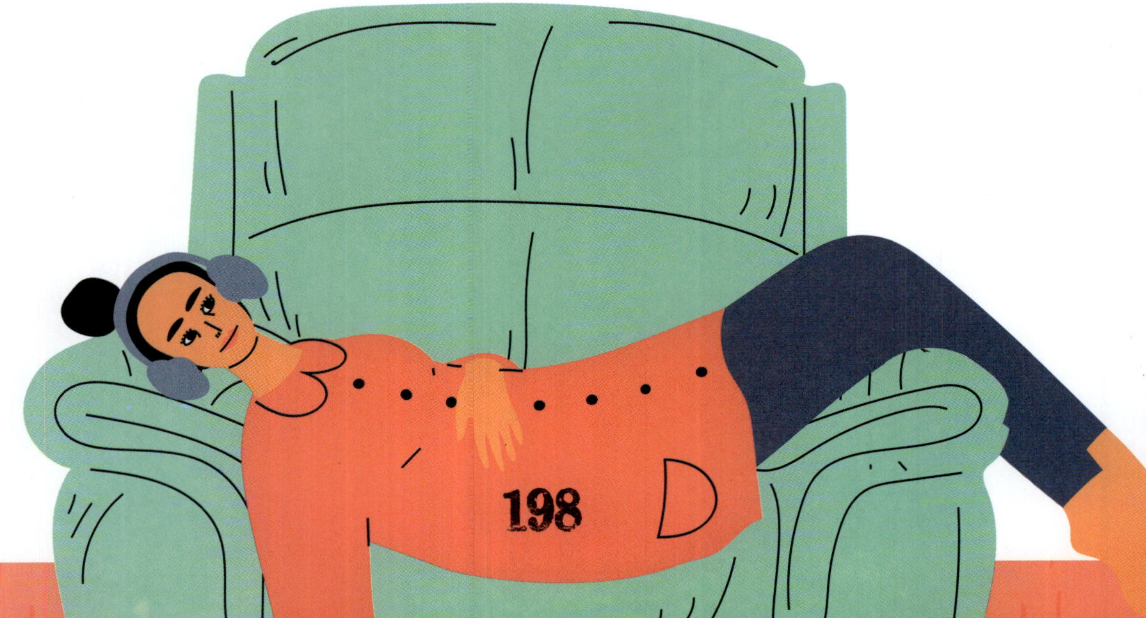

Irgendwie gehören sie zusammen: die Einstellung, dass alle anderen unfähig sind, auf der einen Seite, und die, sich strikt auf den eigenen Zuständigkeitsbereich zu beschränken, auf der anderen. Perfektionisten tappen besonders leicht in diese Falle, weil sie sich gezwungen fühlen, einzuspringen und auszugleichen. Schließlich soll niemand enttäuscht sein, und es soll kein schlechtes Licht auf die eigene Abteilung fallen. Also hilft man selber aus, bessert nach, ruft zurück, schaut im Archiv nach oder latscht ins Lager und das leider nicht nur mit freundlichen Gefühlen für die Kollegen.

**Dagegen hilft:** Ansprechen, nachfragen, diskutieren – und auch mal hart bleiben. Damit macht man sich nicht beliebt, aber niemandem im Team ist damit geholfen, wenn einer ausgleicht, was die anderen nicht gerne tun. Die Klärung von Zuständigkeiten ist für eine sinnvolle Arbeitsaufteilung notwendig, aber genauso wichtig ist es, dabei trotzdem über den Tellerrand zu schauen und einander zu helfen, wenn es wirklich nötig ist.



Natürlich ist da auch Bequemlichkeit mit im Spiel, wenn jemand keine Lust hat, bei einem Arbeitsprozess neue Wege zu denken und erprobte Abläufe infrage zu stellen. Was man sich einmal erarbeitet hat, gibt man nicht gerne auf. Dahinter steckt allerdings auch die Angst vor Veränderung. Wer auf dem Althergebrachten besteht, ist in Sorge, es könnte auf eine andere Weise nicht gelingen. Neue Wege beinhalten schließlich auch die Möglichkeit, Fehler zu machen oder zu scheitern.

**Dagegen hilft:** Probieren Sie ruhig mal etwas Neues aus und weichen Sie auch mal vom Weg ab. Vielleicht kämpfen Sie da zwischenzeitlich gegen Windmühlen und machen sich unbeliebt. Nicht selten ergeben sich aus dem Mut zur Veränderung aber Verbesserungen, und man stellt fest, dass die bisherige Vorgehensweise ganz schön umständlich war.

## 4. „DAMIT HABE ICH NICHTS ZU TUN!"

Die Suche nach dem Schuldigen. Egal, was auf der Welt passiert – wenn es schiefgeht, wird nach dem Verantwortlichen gesucht. Sei es eine eingestürzte Brücke oder nur eine versalzene Suppe, wir müssen unbedingt herausfinden, wer da den entscheidenden Fehler gemacht hat. Der Mensch will wissen, wer schuld ist, und er fühlt sich gut, wenn er es nicht ist. Das führt leider dazu, dass wir uns im Vorfeld schon viel zu viele Sorgen machen und uns gegen jeden Fehltritt absichern wollen. Damit wir im Nachhinein beweisen können, dass der Fehler nicht bei uns gelegen hat.

**Dagegen hilft:** Lockerlassen, auch wenn etwas nicht klappt. Fehler gehören zur Arbeit. Wenn einer passiert ist, fühlt es sich doch besser an zu sagen: „Ich war's, tut mir leid", als zwanghaft nach Rechtfertigungen zu suchen oder womöglich auf andere zu zeigen. Dafür ist die Zeit zu schade. Aus Fehlern wird man klug, und auch wenn einmal etwas richtig schiefgegangen ist, dreht die Welt sich weiter.

# LOBEN WILL GELERNT SEIN

Von den ungeliebten Sätzen, die das Büroleben schwer machen, nun zu einem schönen Thema: die eigenen Begabungen und Fähigkeiten! Pause und betretenes Schweigen. Schulterzucken. Dazu fällt Ihnen nichts ein? Keine gute Frage? Blinder Fleck? Kein Wunder, denn die meisten von uns haben nicht gelernt, die guten Seiten an sich zu sehen.

## GELOBT WIRD EHER SELTEN

Im Jahresgespräch beginnt der Chef so auch häufig nicht mit einer Lobrede auf seine Mitarbeiter. Wahrscheinlicher ist, dass er alles, was sie zum Erfolg der Firma beigetragen haben, als gegeben hinnimmt. Stattdessen erzählt er ihnen, was dieses Jahr alles nicht so gut geklappt hat und noch besser werden kann. Die Liste der Punkte, wonach sie sich im nächsten Jahr strecken könnten, wird lang und länger. Alles, was gut gelaufen ist, scheint eher unter „ferner liefen" verbucht.

Zugegeben: Wenn man kein Naturtalent im Erstellen von Kalkulationen ist, ist es nicht ideal, wenn man mit Zahlen arbeiten muss. Dass einem die Spucke wegbleibt, wenn man aus dem Stand seine Meinung zu einem Thema vertreten soll, ist blöd, wenn das auf einer Konferenz notwendig wird. Dass man im Beruf nicht übermäßig kontaktfreudig ist und „netzwerken" auf der Liste der Lieblingstätigkeiten nicht ganz oben steht, ist vielleicht nicht zeitgemäß, aber nicht automatisch eine schlechte Charaktereigenschaft. Jedenfalls hat es keinen Sinn, sich darauf zu fokussieren.

VIEL MEHR LAUNE MACHT ES DOCH, DIE GLEICHE ENERGIE, DIE WIR OFT FÜR KRITIK AUFBRINGEN, DARAUF ZU VERWENDEN, GUTE EIGENSCHAFTEN BEI UNS SELBST ZU SEHEN – UND BEI ANDEREN NATÜRLICH AUCH.

## WAS BIN ICH MIR SELBST WERT?

Wenn es der Chef schon nicht tut, dann klopfen Sie sich eben selbst in regelmäßigen Abständen auf die Schulter und loben sich für das, was richtig gut gelaufen ist. Anstatt sich mit Defiziten herumzuschlagen, dürfen Sie sich gerne regelmäßig daran erinnern, dass Sie etwas wert sind. Wie fühlen Sie sich, wenn Sie die folgenden Sätze lesen?

## DIE LISTE MEINER HELDENTATEN

Falls es Ihnen Schwierigkeiten macht, solche Gedanken zuzulassen (was bei Perfektionisten nicht selten der Fall ist), sollten Sie wissen, dass man so etwas durchaus üben kann. Es ist möglich, zu einer positiven Einstellung zu sich selbst zu kommen und solchen Aussagen gegenüber offener zu werden. Bestimmt gibt es Erlebnisse bei der Arbeit, an die Sie gerne denken und die Ihnen ein gutes Gefühl vermittelten, wie zum Beispiel:

**1** Eine völlig aufgelöste Kollegin kam zu Ihnen, weil sie nicht mehr weiterwusste. Nachdem Sie sich unterhalten und die nächsten Schritte herausgearbeitet hatten, ging es wieder, und die Kollegin war Ihnen sehr dankbar.

**2** Sind Sie diejenige, die durch ihren freundlichen Umgang mit den Kunden schon so manches Geschäft gerettet oder so manchen Eklat verhindert hat? Das ist wunderbar, denn nicht alle Menschen schaffen es, auch dann noch freundlich zu bleiben, wenn der Ton rauer wird.

**3** Es schien, dass eine Lieferung endgültig verloren war und niemals pünktlich ankommen würde. Aber Sie haben es geschafft, einen Tag vor Weihnachten doch noch einen Menschen bei der Spedition zu erreichen und einen Lkw-Fahrer aufzutreiben.

**4** Die Kollegen fragen eigentlich immer Sie, wenn es darum geht, eine besonders schöne Geburtstagskarte zu basteln oder einen passenden Ort für die Weihnachtsfeier zu finden.

# LOB ANNEHMEN

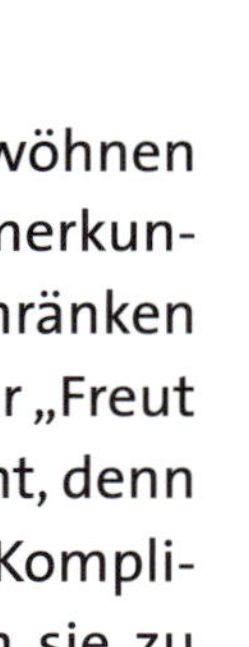

Auch Lob anzunehmen will gelernt sein. Gewöhnen Sie sich an, Komplimente und lobende Bemerkungen einfach unauffällig einzustecken. Beschränken Sie sich auf ein schlichtes „Dankeschön" oder „Freut mich". Ohne Übung ist das gar nicht so leicht, denn den meisten von uns wurde antrainiert, Komplimente nicht einfach anzunehmen, sondern sie zu relativieren („Ach, das war aber auch echt einfach.") und sie postwendend zurückzugeben („Du hast aber auch eine tolle Frisur.").

# ICH BIN **EINFACH GUT** in …

Trauen Sie sich und halten Sie schriftlich fest, was Sie richtig gut können.
Lassen Sie sich dabei von den oben genannten Beispielen inspirieren.

WAS WÜRDEN SIE ALS KOLLEGIN
AN SICH SELBST SCHÄTZEN?

# DIESES JAHR SCHON …?

**IHRE FAST-PERFEKT-BUCKET-LIST**

☐ DREI TAGE LANG AM STÜCK NICHTS GEMACHT

☐ EIN ZIEL VERFEHLT

☐ EINEN VORSATZ FALLEN LASSEN

☐ FÜRCHTERLICH DICKE WOLLMÄUSE AUFGESAMMELT

☐ DEN GEBURTSTAG EINER NAHESTEHENDEN PERSON VERGESSEN

☐ ------------------------------------

☐ ....................................

# DIE NATUR MACHT ES UNS VOR



Kein Mensch ist durchgehend und ohne Pausen leistungsfähig und kreativ. Wir glauben, mit genug Disziplin und Durchhaltevermögen wäre nahezu alles zu schaffen. Allerdings zeigt sich dann nach einer gewissen Zeit, dass die Reserven doch verbraucht sind. Eine Pause zu machen, bedeutet nicht einfach nur, nichts zu tun. Im Hintergrund passiert da ganz viel.

* Das Gehirn darf erst einmal wegarbeiten, womit es in letzter Zeit überschwemmt wurde.
* Die Sinnesorgane haben keine neuen Eindrücke zu verarbeiten.
* Die Muskeln ruhen, was dem Gehirn bei seiner Arbeit entgegenkommt.

Wie wichtig es ist, sich regelmäßig in einen Zustand des Nichtstuns zu begeben, wird erst deutlich, wenn wir uns eine Weile der Überforderung ausgesetzt haben. Die Konzentrationsfähigkeit lässt drastisch nach, wir sind zu keiner kreativen Leistung mehr fähig, und schließlich bleibt auch die gute Laune auf der Strecke. Dass ein Mensch auf Überlastung mit Stimmungstiefs und schlimmstenfalls mit Depressionen reagiert, ist damit zu erklären, dass sein System überfordert ist. Wenn wir auf der bewussten Ebene verpassen, uns Ruhezeiten zum Verarbeiten des Erlebten zu geben, kappt die Psyche für eine Weile die Verbindung nach draußen. Für Menschen, die davon betroffen sind, fühlt sich das furchtbar an. Sie sind im wahrsten Sinne von der Außenwelt abgeschnitten, empfinden keine Freude und sehen die Welt in düsteren Farben. Psychologisch (und teils physiologisch) lässt sich das als die einfache und eigentlich gesunde Reaktion des Systems auf eine Überlastung erklären.

Die Natur ist ein gutes Vorbild für regenerative und kreative Pausen. Sie zeigt uns, wie sinnvoll es ist, sich aus dem Modus der Leistung hinauszubegeben und eine Weile nichts zu tun. Um dann mit neuer Kraft fortzufahren. Pflanzen blühen nicht ununterbrochen, Bäume werfen im Herbst ihr Laub ab, um im Winter Kraft zu sparen, Tiere halten Winterschlaf. Nach einer Phase des vermeintlichen Nichtstuns fährt die Natur im Frühling wieder groß auf. Darum ist er eine so inspirierende Zeit, in der wir viel frische Energie spüren. Mit gesammelter Kraft legt die Natur wieder los.

Keine Blume kann das ganze Jahr über blühen. Kein Baum kann das ganze Jahr über Früchte tragen. Keine Wiese und kein Acker liefern Jahr um Jahr, wenn man ihnen nicht zwischendurch eine Pause gibt. Warum also sollten wir dazu in der Lage sein?

Eine Brache ist laut Lexikon ein aus wirtschaftlichen oder regenerativen Gründen ungenutztes Grundstück. Es handelt sich also um ein Stück Land, Acker oder Wiese, das eine Weile in Ruhe gelassen wird, damit es Kräfte sammeln kann und beim erneuten Beackern wieder ertragreich sein wird. Das ist sinnvoll, denn Getreide oder Gemüse, die auf einem Acker wachsen, brauchen Nährstoffe, und die ziehen sie sich aus dem Boden. Die sind dort nicht in unbegrenzter Menge vorhanden, und darum braucht der Acker zwischendurch Zeit, um sie wieder anzusammeln. Ist es nicht ein schönes Bild, sich selbst einmal brach liegen zu lassen, zum Beispiel einen ganzen Sonntagnachmittag lang? Gerade dann, wenn es nicht recht weitergeht, wenn Lust und Antrieb fehlen, kann es Wunder wirken, sich einmal sich selbst zu überlassen. Wenn der Mensch ruhen darf, ohne Zeitdruck, ohne Pflichten, ohne Unternehmungen, findet er zu neuer Kraft und neuen Ideen.

## ICH BIN DANN MAL IM KOKON

Ebenfalls ein gutes Vorbild für Entwicklung und Veränderung aus dem Nichtstun ist die Raupe, die sich verpuppt. Ganz reglos wird das Tier, sodass man kaum mehr vermuten würde, dass sich im Inneren des Kokons noch Leben befindet. Und doch wissen wir: Da drinnen geht gerade eine große Veränderung vor sich, und aus der Raupe wird ein wunderbarer Schmetterling. Tun Sie es der Raupe gleich und ziehen Sie sich zurück, in vermeintliche Unbeweglichkeit. Was zu diesem Zeitpunkt noch keiner weiß: Demnächst schlüpft da ein völlig neues Tier aus und fliegt davon …



* Ziehen Sie eine deutliche Grenze zwischen Arbeitstag und Feierabend. Überstunden sollten nicht die Regel werden. Nicht vergessen: Ihre freie Zeit gehört Ihnen.

* Das Gleiche gilt für die Wochenenden: Diese beginnen spätestens am Freitagabend und enden frühestens am Montagmorgen. Dazu gehört auch, dass nicht schon am Sonntagabend die E-Mails gelesen werden.

* Opfern Sie niemals Ihren Urlaub, auch dann nicht, wenn der Chef bettelt oder die Kollegen scheinbar dringendere Gründe haben.

* Vielleicht versuchen Sie sich einmal in der Königsdisziplin Sabbatjahr (geht auch für drei Monate), also einer längeren Auszeit. Die übrigens nicht zwingend für eine Weltreise genutzt werden muss, sondern auch gerne im Schrebergarten verbracht werden darf.

# MEINE WORK-LIFE-BALANCE

Das richtige Maß bei der Arbeit zu finden, ist nicht immer leicht. Vollster Einsatz, akribisches Vorgehen und Überstunden ohne Ende sind nicht unbedingt die Voraussetzung dafür, Anerkennung zu bekommen und es im Job zu etwas zu bringen. Vielmehr stellt sich doch die Frage, ob dabei nicht etwas auf der Strecke bleibt, was genauso wichtig ist: Zeit für sich, die Familie oder Freunde, die eigenen Bedürfnisse. Der folgende Test will Sie für dieses Thema sensibilisieren und Ihnen zeigen, in welche Richtung Ihr Work-Life-Pendel ausschlägt.

**1** **Ein langer Arbeitstag geht zu Ende, aber noch lange ist nicht alles geschafft. Da sind immer noch ein paar E-Mails offen, die eigentlich nicht warten können, einen wichtigen Anruf haben Sie nicht erledigt, und die vielen Zettel auf dem Schreibtisch sehen auch ein wenig beunruhigend aus. Wie geht es weiter?**

**A.** Da werde ich wohl noch eine Weile sitzen müssen, denn ich darf meine Kunden und Kollegen nicht warten lassen. Ansonsten wird morgen alles nur noch schlimmer. 3 Punkte

**B.** Ich gehe, denn gleich fährt die Bahn, und ich bin eh schon zu lange hier. 1 Punkt

**C.** Eine halbe Stunde investiere ich noch, um ein wenig aufzuräumen und eine Liste zu machen, was morgen als Erstes zu tun ist. So habe ich heute Abend den Kopf frei. 2 Punkte

# 2

**Nicht zu fassen: Bei einer Lieferung, die Sie zu verantworten haben, sind statt 200 Paletten 20.000 geliefert und berechnet worden. Der Kunde kocht, der Chef ist natürlich auch sauer. Und jetzt?**

**A.** Die können mich mal. Ich habe sowieso schon viel zu viel zu tun, da sind Fehler doch vorprogrammiert.
1 Punkt

**B.** Ich bin fassungslos und kann nicht glauben, dass das meine Schuld ist. Als Erstes blaffe ich meine Kollegin an. Meine schlechte Laune verfolgt mich bis nach Hause, und ich werde für den Rest des Tages nicht mehr zu gebrauchen sein.
3 Punkte

**C.** Ich versuche herauszufinden, wie der Fehler passieren konnte, und zumindest einen Nutzen daraus zu ziehen, indem ich für die Zukunft einen Ablauf festlege, der solche Pannen verhindert. 2 Punkte

# 3

**Sonntagabend, gleich ist Tatort-Zeit. Die Kinder schlafen, die Chipstüte raschelt, und der gemütliche Teil des Tages kann losgehen. Wie geht es Ihnen jetzt?**

**A.** Wunderbar. Das Wochenende war gut, und die verbleibende freie Zeit werde ich genießen.
2 Punkte

**B.** Ich versuche, mit meiner Aufmerksamkeit bei dem Krimi zu bleiben, aber in Gedanken bin ich schon bei morgen und meiner To-do-Liste im Job. Stöhn. 1 Punkt

**C.** Ich mache den Fehler, vorher noch kurz in meine Geschäfts-E-Mails zu gucken, seufze, entschuldige mich bei meinem Liebsten und verziehe mich in ein anderes Zimmer, um doch schon mal was wegzuarbeiten. Alle machen das so, und sonst habe ich morgen früh gar keinen Durchblick mehr. 3 Punkte

# 4

**So, das wäre geschafft. Lange haben Sie an dieser Aufgabe gesessen, jetzt sind die letzten Zeilen getippt und die Zahlen kontrolliert. Sie informieren die Kollegen, dass Sie fertig sind, und lehnen sich zurück. Wie fühlen Sie sich?**

**A.** Erleichtert und ein wenig stolz bin ich. Das wäre geschafft. Jetzt mal sehen, was die anderen dazu sagen. 2 Punkte

**B.** Ein wenig ärgert es mich, dass ich mir schon wieder so viel Mühe gemacht habe. Wird wie immer eh keiner zu schätzen wissen … 1 Punkt

**C.** Zeit zum Zurücklehnen habe ich nicht. Ich schicke alles ab und rufe kurz bei den Kollegen durch, ob alles angekommen ist. Mache eine Notiz, morgen noch einmal nachzuhaken. 3 Punkte

# 5

**Mittagspause. Die Kollegin steht in der Tür und schlägt vor, draußen etwas essen zu gehen. Sind Sie dabei?**

**A.** Auf jeden Fall. Zwar ist nachher noch einiges zu tun, aber ich brauche ein bisschen Auslauf und die Sonne scheint. 2 Punkte

**B.** Ungern. Ich habe weder Lust, in der Pause schon wieder über die Arbeit zu reden, noch beim Italiener auf die nervigen Kollegen aus der Auftragsbearbeitung zu stoßen, die auch immer nur das Gleiche erzählen. 1 Punkt

**C.** Keine Chance. Wie immer ist zu viel zu tun, und in der Mittagspause ist wenigstens etwas mehr Ruhe, um ein paar wichtige Telefonate zu führen. 3 Punkte

### AUSWERTUNG:

#### 5–7 Punkte

Ihre Arbeit geht Ihnen schon seit längerer Zeit auf die Nerven, stimmt's? Das ist schade, denn im Grunde fällt die Arbeit viel leichter, wenn man sich wirklich einlässt und einbringt und nicht nur Dienst nach Vorschrift macht. Wie wäre es, mal über eine Alternative nachzudenken? Wer auf Dauer nur die Pflicht erfüllt, die vertane Energie bedauert und sich während der Arbeit nach dem Feierabend sehnt, verschenkt einen Großteil seines Lebens. Dafür verbringen wir einfach zu viel Zeit auf der Arbeit.

#### 8–10 Punkte

Sie haben ein gutes Verhältnis zu Ihrer Arbeit gefunden. Im besten Fall kommt sogar ab und an Spaß dabei rum. Das, was Sie tun, tun Sie engagiert. Wenn es zu viel wird, können Sie die Reißleine ziehen. Sie können sich abgrenzen und dafür sorgen, dass die Freizeit durch Stress bei der Arbeit nicht in Mitleidenschaft gezogen wird. Die Strategie, bei der Arbeit genug, aber nur so viel zu geben, dass Ihnen auch nach Feierabend noch Energie bleibt, geht bei Ihnen voll auf.

#### 11–15 Punkte

Kann es sein, dass Sie die Arbeit etwas zu verbissen angehen und es schlecht ertragen können, wenn etwas liegen bleibt oder Sie einen Fehler machen? Bitte bedenken Sie, dass es letztlich vor allem Ihnen selbst schadet, wenn Sie nicht für Erholung und einen Ausgleich in der Freizeit sorgen. Das Leben vor lauter Arbeit zu verpassen, wäre schlimmer, als wenn einmal etwas unerledigt liegen bliebe.

# ... UND JETZT GEH ICH SPIELEN

Was täte ich eigentlich mit all der **Zeit**, wenn ich sie endlich einmal hätte? Der folgende Teil beschäftigt sich damit, was alles möglich ist, wenn wir uns selbst nicht mehr mit zu hohen Ansprüchen im Weg stehen. Wir wenden uns den Möglichkeiten zu, die uns offenstehen, wenn wir die **Angst** einfach weglassen und uns etwas zutrauen. Vieles ist möglich, wenn ich mich einfach mal machen lasse, ohne irgendwelche **Pläne** zu verfolgen, ohne an die anderen zu denken, ohne **Erwartungen** im Kopf – einfach nur **mit Spaß an der Sache.**

# ÜBER MUßE UND RICHTIG GUTE MOMENTE

Wenn es dunkel wird im Kino, die Waschmaschine angelaufen ist oder das Flugzeug abhebt, lassen sich gewisse Dinge einfach nicht mehr so gut ändern. Wem jetzt erst einfällt, dass Gummibärchen und Limo zum Film schön gewesen wären, dass die Lieblingsturnhose noch verschwitzt im Beutel steckt, anstatt sich im Seifenschaum mitzudrehen, oder dass Schnorchel und Badeanzug zu Hause liegen geblieben sind, der fügt sich besser in sein Schicksal, anstatt sich dagegen aufzulehnen und zu ärgern. Manchmal ist der Lauf der Dinge eben nicht mehr aufzuhalten, und das ist auch gut so.

Seltsamerweise benehmen wir uns aber auch sonst im Leben so, als seien wir morgens in ein Flugzeug gestiegen, das wir ohne Zwischenstopps zu einem Ziel bringen müssen. Seine Flugroute steht fest und wird von kritischem Bodenpersonal mit hochsensiblen Instrumenten permanent überprüft. Da stehen viele Dinge auf dem unverrückbaren Plan, die getan werden müssen. Weicht man von diesem ab, leuchten rote Lämpchen auf und summen leise Signale, was sehr störend sein kann. Vor allem, wenn man zur Arbeit gehen, bei den Hausaufgaben helfen oder den Einkauf erledigen muss. „So, jetzt habe ich das geschafft ... jetzt nur noch das ... und das ... und das." Selten bleibt bei solch durchgeplanten Tagen Zeit für ein Innehalten oder eine Kursänderung.

Dabei gibt es Gelegenheiten, die prädestiniert dafür sind, dass man sich aus dem Flugzeugmodus begibt und vom Plan abweicht. Genau genommen sind es keine Gelegenheiten, sondern freundlich-bestimmte Aufforderungen vom Leben höchstpersönlich, sich nicht hinter seiner To-do-Liste zu verstecken, sondern sich mit ihm zu beschäftigen und es zu genießen. Da wäre zum Beispiel denkbar:

### 1. Ach, Mensch, du hier?

Vielleicht haben Sie gerade einen netten alten Bekannten auf der Straße oder die Nachbarin im Treppenhaus getroffen und Sie kommen aus dem Plaudern gar nicht mehr heraus. Eigentlich haben Sie viel mehr Lust, gemeinsam einen Kaffee zu trinken und weiterzureden, als den Einkauf zu erledigen und nachher die Wäsche zu waschen, den Sauerbraten einzulegen, die Blumen umzutopfen oder was sonst gerade Wichtiges ansteht. Na dann — ist der Kaffee jetzt eben gerade mal das Wichtigste.

### 2. Sonne tanken

Es ist Frühlingsanfang, die Krokusse und Narzissen schauen schon aus dem Boden, die Häschen hoppeln im Park, und die prallen Blätterknospen der Bäume stehen in den Startlöchern. Da flattert ein blaues Band! Jetzt heißt es rausgehen! Was, jetzt? Ja, jetzt. Es geht keiner mit? Egal. Draußen wird Ihnen so viel geboten, dass Sie gar keine Begleitung brauchen, um ein bisschen in die Sonne zu gucken.

### 3. Ausruhen

Sie sind einfach ganz furchtbar müde, und kein Kaffee der Welt kann Ihnen jetzt helfen. Es fällt Ihnen auch nichts Ordentliches mehr ein, und Sie laufen Gefahr, gleich einen Kollegen oder ein Familienmitglied so richtig anzumotzen. In so einer Situation am besten ab aufs Sofa und die Füße hoch. Oder warum nicht gleich gemütlich unter die Bettdecke? Es ist doch herrlich, sich hinzulegen und zu schlafen, wenn man kaputt und erholungsbedürftig ist. Ausgeschlafen fliegt es sich besser weiter, und so manch guter Traum bei einem Nachmittagsnickerchen ist schon wahr geworden.

### 4. Gelegenheiten mitnehmen

Die Stones/Helene Fischer/das russische Staatsorchester/den FC St. Pauli wollten Sie schon immer mal live sehen, und jetzt bietet Ihnen jemand für heute Abend eine Karte an. Nix wie mit, wenn nicht gerade zu stillende Kinder oder pflegebedürftige Eltern dafür leiden müssen. Wäscheberg, Sauerbraten, Besuch vom Versicherungsheini, morgen früh aufstehen? Egal. Im Fall von Letzterem gilt für morgen unbedingt Punkt 3.

### 5. Den Moment nutzen

Heute klappt es richtig gut mit dem Lesen/Spazieren/Löcher in die Luft starren? Irgendwie können Sie gerade ganz gut loslassen und spüren so eine gemütliche Freude von innen heraus? Dann bloß weitermachen mit dem, was Sie gerade tun oder auch nicht tun. Nicht immer haben wir genug Muße, um es uns gut gehen zu lassen. Ist ein solcher Tag einmal gekommen, dann kosten Sie ihn unbedingt aus.

Die Liste ließe sich beliebig verlängern, und für jeden Punkt (insbesondere für die, die Sie selbst ergänzen) gilt: Seien Sie froh und dankbar, wenn das Leben Ihnen etwas Schönes beschert, greifen Sie zu und machen Sie was draus. Das bedeutet nämlich, das Leben in genau diesem Moment auch zu leben und nicht nur zu erledigen. Tatsächlich befinden wir uns mit unserem Bewusstsein so selten in der Gegenwart, dass wir jede Gelegenheit ergreifen sollten, sie kurz festzuhalten. Jeder Moment, in dem wir nicht auf etwas warten oder hinarbeiten, lässt das Hier und Jetzt etwas weniger flüchtig werden.

Die Gefahr, dass man was richtig Wichtiges verpasst, ist meistens gering. Und selbst wenn: Wer weiß, was ihm wirklich wichtig ist im Leben, weiß es auch mit solchen Gefahren aufzunehmen ...

# WAS BRINGT IHR FLUGZEUG ZUM LANDEN?

Sind Ihre Tage auch zu ausgefüllt und gehen Sie per Autopilot Ihren Erledigungen nach, ohne auf Ihre Bedürfnisse zu achten?

**WAS HÄTTE ES HEUTE GEBRAUCHT, UM SIE VON IHREN URSPRUNGSPLÄNEN ABZUBRINGEN UND IHNEN DAFÜR MEHR RAUM FÜR ECHTE, LEBENDIGE MOMENTE ZU GEBEN?**

Lesen Sie dazu auch Seite 219!

# WAS
## IMMER DU
tun kannst oder
## ERTRÄUMST
zu können,
## BEGINNE ES.

Johann Wolfgang von Goethe

# PASSION GESUCHT! FINDEN SIE IHR IKIGAI

Was wünsche ich mir eigentlich vom Leben, was über die
Notwendigkeiten des Alltags hinausgeht? Genügt es mir, mich und
meinen Haushalt in Schuss zu halten, die Familie zu versorgen
und gut im Job zu sein? Oder ist da noch mehr?

## WOFÜR ES SICH LOHNT AUFZUSTEHEN

Wenn Ihre Antwort darauf nicht „für meinen Kaffee und eine
Zigarette" lautet, dann ist der Anfang gemacht. Dann haben Sie eine
Idee, was Sie mit Ihrem Leben anfangen möchten. Der einfachste Weg,
perfektionistischem Tun entgegenzuwirken, ist, etwas zu finden,
was einen die Zeit vergessen lässt. Etwas, wobei man entspannen kann
und nicht vor allem einem Ergebnis entgegenstrebt. Selbst Kritik und
gut gemeinte Verbesserungsvorschläge nehmen wir gelassener
entgegen, wenn uns das, was wir tun, Spaß macht.
Wer dem Herzen folgt und Freude an seiner
Beschäftigung hat, kümmert sich nicht
in erster Linie um Fehler und darum,
was die anderen davon halten.

Praktischerweise gibt es für diesen Wunsch ein japanisches Wort, das das alles auf einmal ausdrückt. Es bezeichnet das Streben nach „mehr im Leben" oder nach einem Sinn, der über uns hinausweist. Das kann auch ein Ziel sein, das zunächst ein wenig außerhalb der eigenen Möglichkeiten zu liegen scheint. Das Wort lautet: Ikigai. Merken Sie was? Schon wenn man das Wort ausspricht, mit seinen vielen I, erzeugt es ein kleines Lächeln und gute Laune. Es ist kaum möglich, es mit gerunzelter Sorgenstirn auszusprechen. Die wörtliche Übersetzung ist in etwa „lebendig sein" oder „wertvoll sein".

Sein Ikigai zu finden, bedeutet auch, seine Talente zu entdecken und zu fördern. Das kann auf vielen Gebieten stattfinden:

Wenn ich mich der Kunst widme, Theater spiele oder Freude am Schreiben habe, dann trägt das nicht dazu bei, dass am Abend die Betten gemacht und die Böden gewischt sind. Auch am Kontostand ändert sich nichts, wenn man seiner Leidenschaft nachgeht – in den meisten Fällen jedenfalls. Dennoch kann eine solche Tätigkeit sehr viel mehr bringen als eine abgearbeitete Erledigungsliste oder einen materiellen Gewinn. Denn ich lerne mich dabei kennen (das sind meine Vorlieben), ich achte meine Bedürfnisse (darauf habe ich jetzt Lust), und es passiert leicht, dass man sich sogar über die Zeit hinwegsetzt (was, schon so spät?).

Wer Freude an einer Sprache hat, achtet nicht in erster Linie auf fehlerfreie Grammatik und Aussprache. Es geht um etwas anderes. Um Kontakt zu Menschen und zu einer fremden Kultur beispielsweise. Oder um die Liebe zu einem bestimmten Klang oder einer Sprachmelodie. Jede Sprache bietet andere Möglichkeiten, sich auszudrücken, auch das kann reizvoll sein.

## UM KREATIV ZU SEIN,
## BRAUCHT ES EIN WENIG MUT

Wer bisher keinen Zugang zu seiner kreativen oder schöngeistigen Ader hatte, tut sich vielleicht ein wenig schwer damit, seine Talente zu entdecken. Schließlich gehört dazu auch, dass man sich selbst etwas zutraut. Und sich zuzugestehen, etwas nur aus Spaß an der Freude zu betreiben und nicht, weil es nützlich wäre. Mitunter fällt es leichter, die Betten zu beziehen oder eine Zahlenliste anzufertigen, als sich zu fragen: Was will ich eigentlich vom Leben? Aber die Frage lohnt sich!

Die beiden Grundvoraussetzungen, sein Ikigai zu finden, sind also: Respekt vor mir selbst und meinen Wünschen sowie das Loslassen der angeblich so wichtigen Pflichten. Beides ist nicht leicht, wenn man keine Übung darin hat, aber machbar. Das Ziel ist ja auch nicht, gleich einen Roman zu schreiben, einen Preis zu gewinnen oder Vereinsvorsitzende zu werden. Das Ziel ist nur, sich zu befreien von Zweifeln und vielleicht ein ganz kleines Stück zu fliegen.

Um die kleinen Freiheiten, das Loslassen und die Freude im Leben geht es in den kommenden Kapiteln. Sie erzählen von Menschen, die ein Ikigai haben – obwohl sie das Wort vielleicht gar nicht kennen ...

# DAS BESSERE IST DER FEIND DES GUTEN

## EIN GESPRÄCH ÜBER KUNST UND PERFEKTION

Mein Freund Leonid arbeitet als freier Künstler. Er hat bereits als Kind eine spezielle Kunstschule besucht, später an den Akademien in Moskau und Düsseldorf studiert und ist seit seinem Abschluss immer als Bildhauer tätig gewesen. Ein anderer Beruf kam für ihn nie infrage, auch wenn es zeitweise nicht leicht war, seinen Lebensunterhalt auf diese Weise zu verdienen. Höhepunkte in seinem beruflichen Leben sind natürlich die Ausstellungen, allein oder mit anderen Künstlern zusammen, in denen er seine Kunst der Öffentlichkeit präsentiert. Das Allerschönste an seinem Beruf aber ist für ihn noch etwas anderes: die einsame Arbeit im Atelier mit Blick auf den Rhein. Ich habe ihn gefragt, ob es in seinem Beruf Perfektionismus geben kann, und daraus hat sich ein Gespräch über Kunst und Perfektion ergeben.

**Was ist für dich ein perfektes Kunst-werk?**

Ein perfektes Werk würde ganz genau die Idee ausdrücken, die ich im Kopf habe. Als Künstler strebt man danach, seinen Gedanken Ausdruck in einem greifbaren Gegenstand zu geben und sich so mitzuteilen. Es wäre nichts Überflüssiges daran, und jedes Detail würde gebraucht. Das bedeutet für mich zugleich Schönheit: Wenn alles Notwendige da ist und nichts Überflüssiges, dann wird es automatisch schön.

**Gibt es ein solches perfektes Kunst-werk?**

Nein! Man kann Perfektion nahekommen, aber man kann sie natürlich niemals erreichen. Auch der Mensch selbst ist nicht vollkommen, und darum kann er auch nichts Vollkommenes produzieren. Je mehr man sich bemüht, und natürlich auch je talentierter man ist, desto näher kann man der Vollkommenheit kommen, aber erreichen kann man sie nicht.

**Was machst du, wenn du nicht weiter-kommst?**

Das, woran ich gerade gearbeitet habe, lasse ich dann in Ruhe. Ich lasse es stehen. Ich widme mich dann etwas an-

derem, was immer möglich ist, da ich parallel an mehreren Werken arbeite. Wenn ich mich der Arbeit wieder zuwende, dann in der Hoffnung, es diesmal besser zu machen. Meinem Ideal näherzukommen. Durch den Abstand wird die Sicht klarer. Manchmal wende ich mich von etwas ab, verschwende keinen Gedanken mehr daran, und wenn ich dann wieder weitermache, sehe ich etwas Neues, was vorher nicht da war. Eine Pause mache ich erst, wenn ich etwas erreicht habe. Das Werk muss nicht komplett fertig sein, aber ein positives Zwischenresultat möchte ich haben.

**Obwohl du weißt, dass es nicht vollkommen werden kann, setzt du die Arbeit fort?**
Ja. Jedes Mal werde ich etwas besser. Ich gehe immer weiter bergauf, obwohl ich zu Lebzeiten den Gipfel nicht erreichen kann. Das klingt etwas dramatisch, aber so sehe ich auf mein Lebenswerk. Das Wissen, dass ich nicht perfekt sein kann, gehört zur Arbeit dazu. Bei jedem neuen Anfang ist die Hoffnung mit dabei. Ja. Ich kämpfe permanent mit mir. Ich kämpfe mit dem Material, dafür muss ich mich anstrengen. Im Kampf mit mir selbst wachse ich. Unzufriedenheit gehört mit dazu, ohne Unzufriedenheit würde ich nicht wachsen. Das ist ein Paradox, aber es ist wunderbar.

**Wie fühlst du dich, wenn andere deine Arbeiten anschauen?**
Gut! Jeder Künstler hat den Trieb, sich zu zeigen. Bei einer Ausstellung komme ich endlich dazu, andere einzubeziehen und zu zeigen, was ich gemacht habe.

Ähnlich wie ein Schauspieler, der auf der Bühne steht. Nervös bin ich nicht, ich kenne kein Lampenfieber. Ich bin gespannt, aufgeregt und stolz. Unsicher, aber nicht ängstlich.

**Glaubst du, dass die Betrachter dich bewerten?**
Natürlich. Das muss ich aushalten. Wenn ich etwas zeige, weiß ich vorher nicht, ob es gefällt oder nicht. Darauf kommt es mir nicht in erster Linie an. Wenn die Rückmeldungen positiv sind, dann ist es wunderbar. Es fühlt sich an wie ein gewonnener Kampf. Sind sie negativ, macht mich das unglücklich, es fühlt sich nicht gut an. Aber ich kann es nicht vermeiden. Wenn ich nur positive Rückmeldungen bekommen wollte, könnte ich meine Arbeit nicht machen.

**Bist du dann nicht frustriert?**

Das gehört zu meinem Beruf. Ich zeige etwas, und andere finden es gut oder schlecht. Aber es beeinflusst mich nicht dabei, wie ich weitermache. Denn ich weiß ja, dass ich ein Recht habe, das zu tun, was ich tue. Dieses Recht habe ich, weil es mein Anliegen ist. Ich kann gar nicht anders. Ich lebe für die Kunst. Jeder sollte das tun, wofür er brennt.

**Bist du denn auch einmal völlig zufrieden?**

Nein, aber ich erkenne, wann ich aufhören muss. Es gibt dieses Zitat, das heißt: „Das Bessere ist der Feind des Guten". Wenn ich permanent an der Idee festhänge, etwas zur Perfektion zu bringen, dann verliere ich die Orientierung. Dazu fällt mir ein Bild ein, das aus einem Märchen oder einer Sage kommt: Ein Schmied wollte ein Messer schärfen, und nie war es ihm scharf genug. Er schärfte und schärfte. Am Ende hielt er nur noch den Griff in der Hand.

**Wie findest du Erholung und neue Kraft und Inspiration?**

Indem ich die Natur betrachte und versuche zu verstehen, wie die Dinge funktionieren. Den Kreislauf der Natur zum Beispiel oder wie ein Baum beschaffen ist. Wie riesig ein Wald ist und wie das überhaupt sein kann. Warum gibt es Tag und Nacht? Warum dreht sich die Erde? Wenn man genau hinschaut, sieht man, dass der Mond niemals eine Sichel ist, sondern immer komplett. Ich denke an sehr einfache und elementare Dinge, die man doch nur schwer erfassen kann. In meiner Kunst versuche ich auch, genau das zum Ausdruck zu bringen. Unsere Wirklichkeit ist ein einziges Wunder, und ich möchte immer in dem Zustand bleiben, dieses Wunder wahrzunehmen.

**Welchen Rat würdest du Menschen geben, die sich zu sehr anstrengen, um perfekt zu sein?**

Der Wunsch, perfekt zu sein, ist anmaßend. Niemand kann das sein. Wenn man das versucht, wird man der Perfektion noch nicht einmal nahekommen. Nur wenn man aufhört, perfekt sein zu wollen, spürt man, wie das Leben wirklich ist. Man versteht viel eher, wer oder was man ist. Man bekommt dann viel mehr zu sehen und zu spüren, als wenn man sich so sehr anstrengt. Man darf das sein, was man ist. Das bringt mich nah ans Leben. Durch das Streben nach Perfektion verliert man nur seine Kraft. Einfach gut zu sein reicht völlig aus.

# IM EINKLANG MIT DER NATUR: ULLAS GARTEN

Meine Freundin Ulla hat schon seit vielen Jahren einen Schrebergarten, ganz am Ende der Kolonie, dort, wo man den Verkehr der Stadtautobahn nur noch ganz leise brausen hört. Hinter hohen Hecken und Holunderbüschen verbirgt sich ihr kleines grünes Reich mit einer holprigen Wiese, geschwungenen Beeten, einem Komposthaufen und sogar einer kleinen Laube. Diese Laube samt halb zerfallenem Gewächshaus hat Ulla von den Vorbesitzern haargenau so übernommen, wie sie waren, mitsamt den 1980er-Jahre-Fliesen an der Wand und blindem, teils zersprungenem Glas. Ulla denkt nicht im Geringsten daran, das Häuschen zu modernisieren oder das Gewächshaus mit neuen Scheiben zu versehen.

Alles erfüllt nämlich genau so, wie es da steht, seinen Zweck. Tatsächlich ist ein altes Fahrrad fast in die Hecke und den Holunderbusch eingewachsen.

Es stand eben eine Weile zu lang dort, und die Natur ist in solchen Fällen unerbittlich. Inzwischen schauen fast nur noch der Lenker und das Vorderlicht heraus.

Der Natur überlässt Ulla ohnehin zum größeren Teil die Regie, wenn es um ihren Garten geht. Sie lässt wachsen, was wächst. Sie selbst lässt sich davon überraschen, was dabei herauskommt. Im Laufe der Jahre hat sich da ein gewisser Rhythmus eingestellt, den nicht Ulla bestimmt.

Anfang des Jahres blühen Vergissmeinnicht und Goldlack, die es sich durchaus auch mal in den Gemüsebeeten gemütlich machen und sich sogar durch das kleine Gartentor bis auf den Zufahrtsweg hinausstehlen. Später im Jahr kommt der große Klatschmohn, der sich selbst aussät und darum immer wieder neue Plätze findet. Der besitzergreifende Borretsch gesellt sich dann auch noch dazu und fordert sein Recht. Meterhoch ragen prächtige Cosmeen, die ebenfalls selbst über ihren Standort entscheiden, über den Dingen. Nur Ringelblumen und Kapuzinerkresse sät Ulla gezielt aus, weil sie Schädlinge fernhalten. Die dürfen dann über die Salatpflänzchen wachen und bringen ganz nebenbei noch Farbe ins Bild. In den Ritzen der Terrasse vor der Laube wachsen Walderdbeeren und rund um den Komposthaufen Rosmarin, Salbei und die größten Löwenzähne, die ich in meinem Leben je gesehen habe. Natürlich gibt es auch Obst und Gemüse. Da sind Kohlrabi, Zucchini, Kürbisse und verschiedene Sorten Salat. Tomaten schleppt Ulla in heißen Sommern kiloweise nach Hause, und im vergangenen Jahr wurde bei der 1000. Chilischote das Zählen eingestellt. An selbst gebauten Stangen ranken Bohnen und Erbsen. Erdbeeren, Kohlköpfe und Rosenstöcke leben freundschaftlich in direkter Nachbarschaft.

Nicht weniger wichtig als das Gärtnern ist Ulla das Lesen in ihrem alten Liegestuhl. Dabei folgt sie einem sehr einfachen Prinzip: Solange der Sonnenschein noch angenehm ist, sitzt sie gemütlich da, hält die Nase in die Sonne oder den Wind und liest und liest. An einem guten Sommertag kann schon mal ein ganzes Buch ausgelesen werden. Schiebt sich eine Wolke zwischen Ulla und die Sonne und schmälert den Lesegenuss, weil es ein wenig zu kühl wird, sieht man sie in einem Beet knien, wo sie Unkraut jätet oder einem Kohlrabi gut zuredet. Wenn die Temperaturen steigen, liest Ulla im Schatten ihres großen Feigenbaums und freut sich über jede Wolke, auch ihren Pflanzen zuliebe. Dann wird sie eher aktiv, wenn es ihr sogar im Schatten zu heiß wird, wässert eben jenen Kohlrabi mit dem Gartenschlauch und kühlt sich dabei selbst die Füße.

So viele Möglichkeiten auf relativ kleinem Raum: gärtnern und die Ernte einfahren, sich ausruhen, die ersten Sonnenstrahlen genießen, Besucher mit selbst gemachtem Holundersirup bewirten, im Sommer Abkühlung finden und im Winter selbst angebautes und eingelegtes Gemüse essen. So sieht man Ulla gemächlich in ihren Garten radeln, mal mit Gummistiefeln und Spaten, mal mit Flipflops und Yogamatte und tatsächlich meistens guter Laune. Allerdings fällt ab und zu ein Schatten auf diesen rundum friedlichen, wunderschönen Ort: Gar nicht entspannt ist Ulla, wenn die Nacktschnecken im Garten überhandnehmen. Aber was sie mit denen macht, darüber wollen wir hier schweigen.

# ULLAS GENIAL EINFACHE REZEPTE

Wenn man Glück hat, bekommt man von Ulla nicht nur zum Geburtstag ein Fläschchen oder Gläschen Selbstgemachtes. Weil sie halt nicht nur gerne in der Matte liegt, sondern genauso gern die Ernte einfährt und ihre Kostbarkeiten haltbar macht. Hier sind zwei Rezepte für meine Lieblingsgeschenke:

**FÜR 3 PORTIONEN:**

1 unbehandelte Zitrone

1 1/2 kg Zucker

30 g Zitronensäure

30 Holunderblütendolden

**1.** Die Zitrone in dünne Scheiben schneiden. Den Zucker mit der Zitronensäure und 1 1/2 l Wasser in einen Topf geben und aufkochen. Die Hitzezufuhr reduzieren und 5 Minuten köcheln lassen.

**2.** Das Waschbecken mit Wasser füllen und die Holunderblütendolden darin vorsichtig waschen. In ein Sieb geben und abtropfen lassen. Die dicken Stiele der Dolden mit einer Schere abschneiden. Die Holunderblüten mit den Zitronenscheiben in ein sauberes Gefäß geben. Den Sirup darübergießen. Das Gefäß abdecken und an einem kalten Ort 3–4 Tage ziehen lassen.

**3.** Den Sirup durch ein sehr feines Haarsieb filtern und in einen Topf geben. Den Holunderblütensirup aufkochen, in saubere Flaschen füllen und fest verschließen. Kühl und dunkel lagern.

Zubereitungszeit: 30 Minuten

## FÜR 2 GLÄSER:

80 g Zucker
5 Zweige Thymian
4 Zweige Rosmarin
2 Wacholderbeeren
2 getrocknete Lorbeerblätter
6 cm getrocknete
unbehandelte Orangenschale
3 Pimentkörner
800 g reife Feigen
40 ml Aceto balsamico

**1.** Den Zucker mit 180 ml Wasser in einem großen Topf unter Rühren aufkochen und ca. 6 Minuten so lange köcheln lassen, bis sich der Zucker aufgelöst hat und ein dünner Sirup entstanden ist.

**2.** Thymian und Rosmarin waschen und trocken tupfen. Von der Hälfte der Kräuter die Nadeln bzw. Blättchen abzupfen und fein hacken. Die restlichen Kräuter beiseitelegen. Die gehackten Kräuter zusammen mit den Wacholderbeeren, Lorbeerblättern, der Hälfte der Orangenschale und den Pimentkörnern auf ein Stück Mull geben und dieses mit Küchengarn zu einem Säckchen zusammenbinden. Das Gewürzsäckchen in den Sirup legen und alles bei schwacher Hitze weitere 20 Minuten köcheln lassen.

**3.** Währenddessen die Feigen waschen und trocken tupfen, dann zum Sirup geben und 15 Minuten weiterköcheln lassen. 2 Gläser à 250 ml samt Deckeln zum Sterilisieren für 15 Minuten in den auf 180 °C vorgeheizten Backofen schieben. Den Gewürzbeutel entfernen, die Feigen mit einer Schaumkelle herausnehmen und auf die sterilen Gläser verteilen. Mit dem Essig begießen und anschließend den Sirup bis 1 cm unter den Rand in die Gläser füllen. Die restlichen Kräuter und die Orangenschale in die Gläser geben, dabei darauf achten, dass die Glasränder trocken und sauber sind. Dann die Gläser fest verschließen.

**4.** Die Gläser im heißen Wasserbad ca. 20 Minuten bei geschlossenem Topfdeckel einwecken, dann herausnehmen und abkühlen lassen. Die Balsamico-Feigen kühl und dunkel lagern.

Zubereitungszeit: 15 Minuten (plus Garzeit)

# WENN MEINE MUTTER NACH FRANK-REICH FÄHRT

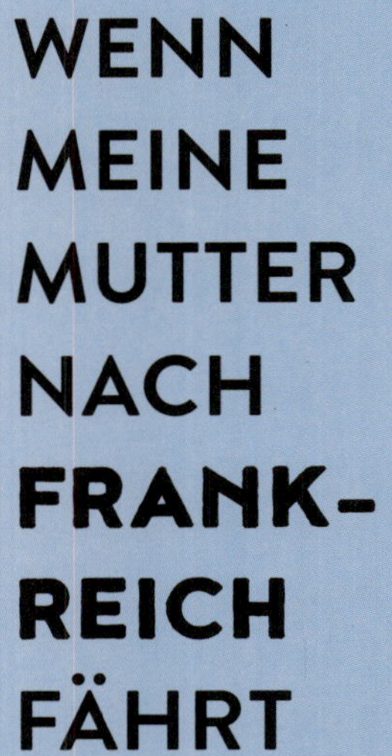

Meine Mutter hat zu einer Zeit Französisch in der Schule gelernt, als man gerade anfing, die französischen Nachbarn nicht mehr als Feinde zu betrachten. Sie war eine der Ersten, die zum Schüleraustausch nach Frankreich fuhr. Und als ihre Austauschpartnerin zu ihrer Familie zu Besuch kam, kam ihr Vater nach seinen Erfahrungen im Krieg das erste Mal wieder in Kontakt mit Franzosen. Zum ersten Mal in einer friedlichen Umgebung, nämlich auf seinem Bauernhof. Für die ganze Familie war das ein wichtiger und zukunftsweisender Schritt. Franzosen zu empfangen, französisch zu sprechen und nach Frankreich zu fahren, hatte zu diesen Zeiten eine andere Bedeutung als heute, nämlich, eine alte Feindschaft zu überwinden.

Die Liebe zu Frankreich hat sich meine Mutter ein Leben lang bewahrt. Der Kontakt mit dem Nachbarland wurde etabliert und fand regelmäßig statt. Sie hatte sich, inzwischen mit ihrer eigenen kleinen Familie, wieder für ein Austauschprogramm angemeldet. Wir trafen uns ein- oder zweimal im Jahr mit einer französischen Familie und besuchten einander wechselseitig. Man brachte einander landestypische Spezialitäten mit, überprüfte jeweils das Wachstumsstadium der Kinder, kochte füreinander und zeigte sich die Sehenswürdigkeiten der Gegend. Durch die gemeinsame Zeit lernte meine Mutter, echte Vinaigrette zu machen. Wir erfuhren, wie fettig ein echtes französisches Croissant ist (also kein Vergleich mit den deutschen). Ich schaute mir von den Kindern ab, mit viel Wasser verdünnten Cassis-Sirup zum Essen zu trinken. Über die Jahre ist ein sehr vertrautes Verhältnis entstanden. Die beiden Familien fühlten sich wohl beieinander, und der Kontakt besteht bis heute.

Meine Mutter liebt die Ausflüge nach Frankreich und erwartet den Gegenbesuch mit freudiger Ungeduld. Da „die Franzosen" kein Wort Deutsch sprechen (warum sollten Franzosen das auch tun?),

beschränkt sich der verbale Austausch auf das Schulfranzösisch auf der deutschen Seite. Dabei gab es niemals betretenes Schweigen. Meine Mutter versteht schnell und redet drauflos. Sie liebt es, sich mit allen Möglichkeiten der Kommunikation mitzuteilen, mischt lustig die Zeitformen, probiert Wörter aus. Sie kramt in ihrem Hirn nach Vokabeln und benutzt Hände und Füße zur gestischen Darstellung. Wenn nichts mehr hilft, schickt sie ihren Mann das Wörterbuch holen. Was sie jedoch niemals tut: sich daran zu stören, wenn ihr etwas nicht einfällt, wenn der letzte Satz nicht gerade wie Französisch klang.

So gesehen beherrscht meine Mutter die Sprache perfekt: Sie liebt sie und wendet sie an. Sie kümmert sich nicht darum, was sie besser machen könnte. Die Sprache dient ihr einfach als Werkzeug zur Verständigung mit Freunden. Sie nutzt sie, um in Kontakt zu treten mit anderen Menschen und einer anderen Kultur, und das ist eigentlich das Schönste, was man mit einer fremden Sprache anfangen kann.

# ORIGINAL AUS FRANKREICH IMPORTIERT

Weil wir von unseren Frankreichurlauben so verwöhnt wurden mit originalen Produkten, behaupteten wir in unserer Familie, dass man manche Dinge eben nur vor Ort genießen sollte. Stimmt aber gar nicht. Wer sich den Geschmack Frankreichs nach Hause holen möchte, kann versuchen, die Top-Erinnerungen meiner Kindheit nachzuproduzieren. Ganz ohne den Anspruch, sie original hinzukriegen …

**FÜR 4 PORTIONEN:**

1 kg Weizenmehl Type 550

1 Ei (Größe M)

100 g Zucker

25 g Salz

50 g Hefe

580 g Butter

ca. 550 ml Milch

**1.** Mehl, Ei, Zucker, Salz, Hefe, 80 g Butter und Milch für 4 Minuten langsam, danach 10 Minuten schnell kneten. Die Teigtemperatur sollte 18 °C betragen.

**2.** Für 1 Stunde im Kühlschrank ruhen lassen, danach ausrollen. 500 g Butter tourieren, d. h. in den Teig einarbeiten, sodass 16 Teig-Butter-Schichten entstehen. 30 Minuten ruhen lassen.

**3.** Teig ca. 4 cm dick ausrollen, in Dreiecke schneiden und danach von der breiten Seite aufrollen. Im vorgeheizten Backofen bei 200–240 °C (je nach Ofentyp) für 12 Minuten backen.

Zubereitungszeit: 25 Minuten | Backzeit: 12 Minuten | Ruhezeit: 30 Minuten | Kühlzeit: 60 Minuten

**... und ganz zum Schluss:**

Das Soufflé, das garantiert immer gelingt. Wenn es unerklärlicher-
weise doch zusammenfallen sollte, lesen Sie einfach noch einmal
die Seiten 43, 48 und 62.

## FÜR 4 PORTIONEN:

60 g dunkle Kuvertüre (80 % Kakaoanteil)

60 g weiche Butter

4 Eier

60 g Zucker

Butter und Zucker für die Förmchen

**1.** 4 Souffléförmchen (150 ml) gut mit Butter
einfetten und mit Zucker ausstreuen. In den
Kühlschrank stellen. Backofen auf 220 °C
vorheizen (Umluft ist nicht geeignet).

**2.** Kuvertüre im warmen Wasserbad schmelzen und leicht abkühlen lassen,
die Butter einrühren. Eier trennen. Das Eigelb mit 40 g Zucker über dem heißen
Wasserbad dick und cremig aufschlagen, bis die Masse ca. 45 °C warm ist.

**3.** Die Eiermasse im kalten Wasserbad kalt schlagen, die Schokoladenbutter
einrühren. Das Eiweiß mit übrigem Zucker steif schlagen und unter die Masse
heben.

**4.** Die Förmchen zur Hälfte mit Teig füllen, 8–10 Minuten backen. Heiß servieren.

Zubereitungszeit: 35 Minuten | Backzeit: 10 Minuten

**TIPP: DAMIT IHR SOUFFLÉ GELINGT, SOLLTE DAS EIWEISS IN EINER
GEKÜHLTEN SCHÜSSEL MÖGLICHST VON HAND MIT DEM SCHNEEBESEN
SEHR LUFTIG GESCHLAGEN WERDEN. BITTE DEN OFEN WÄHREND DES
BACKENS LIEBER NICHT ÖFFNEN.**

# WENN ZU PERFEKT, LIEBE GOTT BÖSE!

Nam June Paik
1932–2006, koreanisch-amerikanischer
Komponist und Videokünstler

# PERFEKT SCHEITERN

## ANNETTE UND DAS IMPROVISATIONSTHEATER

Auf so mancher Kleinkunstbühne hat Annette inzwischen schon gestanden. Sie spielt seit einigen Jahren Improvisationstheater, kurz Improtheater. Erst war es ein Versuch, der sie Mut gekostet hat, dann wurde es zum geliebten Hobby. Inzwischen nimmt es einen großen Platz ein in ihrem Leben. Improvisationstheater bedeutet, dass die Schauspieler ohne Drehbuch zusammen spielen. Das Publikum darf Vorgaben machen, und die Schauspieler stellen sich darauf ein. Es gibt kleine Spiele, aus denen sich spontan Szenen ergeben, und auch abendfüllende Stücke. Es ist nicht möglich, im Voraus zu planen, was passieren wird, alles entsteht aus dem Moment. Und das, während einem ein Saal voller Zuschauer zuguckt und man überhaupt keine Zeit hat abzuwägen, ob nun die eine Entgegnung besser passt oder eine andere. Für die Zuschauer ist Improtheater einfach ein großes Vergnügen, weil, wenn es gelingt, umwerfend komische Szenen dabei herauskommen. Es gibt viel zu lachen im Improtheater. Spaß haben natürlich beide Seiten, Zuschauer und Spieler. Annette hat mir erzählt, was sie daran so gut findet.

**Was ist ein perfekter Auftritt?**
Ein Auftritt ist dann perfekt, wenn man nicht mehr genau versteht, was gerade passiert. Wenn man die Kontrolle aufgibt. Das ist genau der magische Moment, in dem die Energie zwischen den Spielern fließt und man sich dem Fluss

überlässt. Diese Energie kommt nur, wenn man das annimmt, was gerade passiert. Ich akzeptiere einfach, was die Mitspieler tun und was mir selbst dazu einfällt. Man kann in einem solchen Moment nicht sagen: „Nein, es soll anders sein!" Die einzige Chance, die du hast, ist, dich einzulassen. So entstehen aus dem Augenblick Welten, Geschichten, Beziehungen, auf die man von allein nicht gekommen wäre.

### Kannst du das mit einem Beispiel erklären?

Vielleicht dachte ich eben noch, dass ich ein schüchternes Dienstmädchen in einem Gutshaus bin, das vom Butler bedrängt wird, aber weil mein Kollege mich plötzlich als „Herr Wachtmeister" anspricht, muss ich reagieren und mir schnell etwas überlegen. Welche Idee könnte er haben? Was wünscht er sich, und wie kann ich dabei helfen? Ganz nebenbei muss ich natürlich schauen, dass ich mich schnell von einem Dienstmädchen in einen Wachtmeister verwandle. Ich gebe Kontrolle ab und vertraue mei-

nem Gegenüber. Er wird schon wissen, warum das jetzt so sein soll, also mach ich mal mit. Darum geht ohne Teamwork gar nichts. Ich muss mich ganz darauf einlassen können, wie der andere ist. Ich sage Ja zu dem, was er tut und was er mir vorschlägt. Das bedeutet, dass ich ganz schnell reagieren muss. Und natürlich macht mir die Verwandlung selber großen Spaß.

### Kann man einen solchen perfekten Moment planen?

Nein, der ergibt sich oder er ergibt sich nicht. Oder anders gesagt: Wenn man ihn zu sehr herbeiwünscht, dann kommt er ganz bestimmt nicht. Es geht viel um Intuition, die kann man auch nicht planen. Wenn man zu sehr auf eine Pointe zielt, dann wird es garantiert nicht lustig. Improtheater ist wie spielen gehen: „Ich wär jetzt wohl … die Mutter", und dann schaut man, was daraus wird. Ich darf mir etwas ausdenken, meine Fantasie bestimmt, nicht mein Intellekt. Das Resultat ist, dass unvorhergesehene Dinge passieren, die man nicht für möglich gehalten hätte. Das überrascht uns oft am allermeisten, und das kann sehr komisch sein. Wir lachen oft, bis wir nicht mehr können. Das Schönste am Spielen ist das Lachen.

**Also spielt auch Humor eine Rolle?**

Eine sehr große! Aber wie gesagt: Man darf nicht zu sehr auf diese Effekte abzielen. Wenn man zu lustig sein will, dann geht die Geschichte nicht glaubhaft weiter oder die Zuschauer sind genervt, weil sie diesen Druck bemerken. Manchmal stoppt man den Fluss zugunsten eines Effekts, und das schadet der Geschichte. Das ist genau das, was wir nicht wollen. Im guten Improtheater entsteht der Humor aus den Geschichten, aber auch aus Gegensätzen, die sich plötzlich zeigen, oder aus Fehlern, wenn ein Spieler nicht versteht, wo oder wer er gerade ist. Wir nennen es auch die „Lust am Scheitern".

**Die Lust am Scheitern, wie meinst du das?**

Gerade das Nicht-Perfekte öffnet doch die Herzen. Man sieht viel mehr von den Menschen. Wenn sie sich dabei präsentieren, wie sie perplex und kurz verwirrt sind, die Situation aber auch schnell wieder annehmen, das macht einfach großen Spaß zu spielen und anzuschauen.

Weil man bei gutem Improtheater als Darsteller ständig nicht weiß, was gerade los ist, hat man keine andere Wahl, als sich als der Trottel zu präsentieren, der man gerade ist. Und die meisten Zuschauer lieben es, Trotteln dabei zuzuschauen, wie sie sich zurechtfinden.

**Wie wichtig ist dir die Reaktion des Publikums?**

Wenn keine Reaktion aus dem Publikum zu spüren ist, dann hat man ein Problem. Man spürt eigentlich immer sehr deutlich, ob das, was man da macht, gefällt oder nicht. Wenn es nicht gefällt, braucht es viel Energie. Dann fehlt die Magie, von der ich vorhin sprach, und die Szenen oder Stücke laufen nicht wie von allein. Insofern spielen wir nicht einfach für uns selbst. Das Publikum ist natürlich sehr wichtig. Es darf ja mitmachen. Es liefert Ideen und Inspirationen. Improthater ist also sehr interaktiv. Der Zuschauer lehnt sich nicht zurück und lässt sich berieseln, sondern er ist selbst gefordert, sich etwas auszudenken und sich ab und an auch etwas zu trauen. Das Publikum ist ähnlich wichtig wie beim Fußball, es bestimmt die Stimmung und feuert an.

Am allerschönsten ist es, wenn das Publikum nicht mehr kann vor Lachen. Selbst über die Kollegen zu lachen, ist ein Riesenspaß. Wir lachen auch sehr viel, wenn wir ohne Publikum spielen.

### Perfektionismus und Improtheater. Passt das zusammen?

Das Streben nach Perfektion, also zum Beispiel wieder und wieder zu proben, bis eine Szene genau so ist, wie sie sein soll und wiederholt werden kann, das hat im Improtheater nichts verloren. Weil die Szenen, die man spielt, einzigartig sind. Es gibt keine Vorlage, sie entstehen aus dem Nichts. Und es gibt sie nur dieses eine Mal. Du musst ganz viel loslassen: deinen eigenen Plan. Auch die Vorbehalte gegen die Ideen deines Gegenübers. Wenn etwas gelingt, dann musst du es auch sofort wieder loslassen, denn eine richtig gute Szene kannst du nicht konservieren und ein zweites Mal auf die Bühne bringen.

### Kannst du dieses Loslassen auf dein restliches Leben übertragen? Wirkt sich das aus?

Ich würde so weit gehen zu sagen, dass genau dieses Loslassen mein Leben verändert hat. Ich kann viel leichter auch zu realen Situationen Ja sagen und mir schnell überlegen, wie ich etwas daraus machen kann. Diese neue Freiheit kann ich mir gar nicht mehr wegdenken aus meinem Leben, die hat mir das Improtheaterspielen geschenkt.

Ich sage Ja zu dem, was das Leben mir bietet, und auch zu den Schwierigkeiten, die es mir bringt. Etwas Unvorhergesehenes haut mich nicht mehr so um. Im Beruf etwas präsentieren, beim Geburtstag einfach eine Rede halten, in meinem Tagesablauf spontan etwas ändern. Mir fällt schon was ein. Und, wenn es gut ist: genießen und loslassen. Die schönen Momente sind nicht planbar, nicht wiederholbar, und sie kommen nur, wenn man nicht auf sie wartet.

# DIE LETZTE ÜBUNG: ANFANGEN, JETZT!

Nun sind Sie fast am Ende des Buchs angelangt und damit bei der Beantwortung der wichtigsten Frage:



Trauen Sie sich, es hier aufzuschreiben:

Das sind Ihre ganz persönlichen Mitmach-Seiten. Hören Sie gut in sich hinein, bevor Sie mit dem Schreiben beginnen. Auf den Seiten 17/18 finden Sie noch einige Anregungen für das Ausfüllen der Seiten.

Das könnte
zum Beispiel sein:

✿ malen, fotografieren, kochen
✿ daran arbeiten, eine Angst abzulegen
✿ mehr kulturelle Veranstaltungen
besuchen ✿ neue/andere/bessere
Freunde finden ✿ einen Roman
schreiben ✿ eine Beziehung führen
✿ mehr Zeit mit meinen Kindern
verbringen

# ÜBERLEGEN SIE: WAS KÖNNEN SIE HEUTE TUN, UM IHREM LEBENSZIEL, EINEM TRAUM, IHRER PASSION EINEN SCHRITT NÄHERZUKOMMEN?

Sie könnten zum Beispiel:

❀ den Kontakt mit einem lieben Menschen pflegen, ihn also heute anrufen ❀ einen Kurs in Fotografie/Malerei/Kochen belegen ❀ einen ersten kleinen Absatz Ihres Werkes verfassen ❀ eine Konzertkarte besorgen.

**Also, welchen Schritt werden Sie heute noch tun?**

# ZUM SCHLUSS: NICHT PERFEKT IN 10 SCHRITTEN

### Nein sagen

Üben Sie sich darin, abzulehnen, was Ihnen zu viel wird und Ihnen nicht guttut. Manchmal bedeutet das, anderen eine Absage zu erteilen oder sich womöglich unbeliebt zu machen. Probieren Sie aus, was passiert, wenn Sie sich selbst etwas erlassen, was Sie nicht tun möchten.

**1**

### Ja sagen

Üben Sie sich darin, die Dinge anzunehmen, die Sie nicht ändern können. Halten Sie sich nicht damit auf und wenden Sie sich lieber den schönen Seiten des Lebens zu. Was passiert, wenn Sie einfach tun, wovon Sie schon lange träumen?

**3**

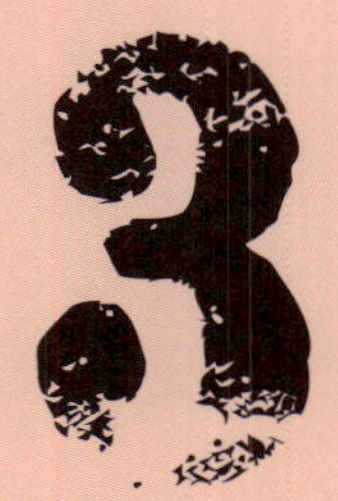

### Die eigenen Bedürfnisse achten

Nehmen Sie alle Empfindungen ernst, die Sie an sich wahrnehmen, wie zum Beispiel „Das wird mir zu viel", „Das schaffe ich nicht" oder „Ich möchte da nicht hingehen". Verabschieden Sie sich von zusammengebissenen Zähnen und folgen Sie Ihrem Gefühl.

### Multitasking war gestern

Experten raten davon ab. Multitasking tut weder der Seele gut noch ist es den Dingen zuträglich, die man da versucht, unter einen Hut zu bringen. Auf Dauer strengt es Hirn und Seele zu sehr an und sollte daher vermieden werden.

### Fehler und Schwächen nachsehen

Verzeihen Sie sich Ihre Schwächen, ebenso wie Ihren Mitmenschen. Jeder irrt sich mal oder macht etwas falsch. Auch Sie – und das ist gar nicht schlimm. Seien Sie großzügig mit sich selbst und anderen.

### Termine reduzieren

Date mit mir selber? Bestimmt eine feine Sache. Anstatt einen weiteren Termin in den Kalender zu schreiben, streichen Sie also lieber ab und an einen und schauen, wie es sich anfühlt, einfach mal gar nichts vorzuhaben.

### Sich selbst etwas zutrauen ...

Seien Sie freundlich zu sich selbst, ermutigen Sie sich und verlangen Sie sich durchaus auch etwas ab, wenn Ihnen eine Sache wirklich am Herzen liegt. In Ihnen stecken so viele Möglichkeiten, und die dürfen Sie auch alle nutzen.

## 8 … und den anderen ebenso

Lassen Sie sich helfen und fragen Sie um Rat. Sie sind nämlich nicht der einzige Mensch, der in einer Sache Bescheid weiß oder etwas regeln kann. Zusammen macht es mehr Spaß und bringt auch die besseren Ergebnisse.

## 9 Gefühle zulassen

Teilen Sie Ihren Mitmenschen mit, wenn Sie etwas freut, und lassen Sie sie auch wissen, wenn Sie etwas ärgert. Sagen Sie ruhig mal jemandem Ihre Meinung und verteilen Sie Komplimente.

## 10 Glücksmomente einfangen

Ergreifen Sie jeden schönen Moment, der sich Ihnen bietet. Auch wenn das bedeutet, dass Sie von Ihrem eng gesteckten Plan abweichen müssen und der Tag nicht so abläuft, wie Sie es sich vorgenommen haben.

# WAS WÄRE DAS LEBEN, WENN WIR NICHT DEN MUT HÄTTEN, ETWAS ZU RISKIEREN?

Vincent van Gogh

**Iris Warkus** hat während ihres Literaturstudiums viele Bücher gelesen und ihr halbes Berufsleben mit Büchern verbracht. Seit einiger Zeit schreibt sie selbst welche. Sie ist ausgeglichen und fröhlich, liebt es kreativ zu sein, ist erfolgreich im Job, kocht hervorragend, führt eine glückliche Beziehung und kann in ihrer gepflegten Wohnung jederzeit Gäste empfangen. Allerdings nur, wenn nichts dazwischen kommt.

**Redaktion:** Ulrike Schulte-Richtering

**Satz:** Stephanie Wojtynek

**Bildnachweis**
**Fotos:** Klaus Arras (S. 236/237), Thomas Ruhl (S. 240), Food Fotografie Michael Brauner (S. 241)

**Illustrationen: stock.adobe.com:** © alenast, © angelinachirkova, © ArdeaA, © blueringmedia, © creative_jen, donatas1205, © flint01, © Good Studio, © iracosma, © ivector, © Iveta Angelova, © Jane Good, © JoyImage © julymilks, © Mary Long, © Nadezda Grapes, © naidzionysheva, © Olha, © Svetlana, © tashka2000, © topvectors, © Utro na more, © Vectorovich. **Designed by freepik.com:** S. 17, 18, 236/237, 240/241 (Papier); S. 60/61, 87, 88, 146, 152, 157, 207 (Blätter); S. 83 (Pfeil); S. 120 (Tasse); S. 149 (Menschen); S. 211 (Schmetterling); © Harryarts S. 30/31, 33, 44–47, 54, 60/61, 63, 78, 81, 88, 96/97, 109, 117, 124–126, 145, 205, 206, 248, 251 (Wisch-Effekt); © pikisuperstar S. 38 (Frauen mit Hund), S. 58 (Frau), S. 212–214 (Menschen); roserodionova S. 37 (Blätter), S. 101 (Hand mit Handy); © vvstudio S. 10, 29, 58, 65, 83, 95, 112, 160/161, 185, 195, 196, 198–200, 256 (Sprechblase).